Eugénie Zobel

Das Pflege-Set

Antrag auf Pflegegrad
Pflegeprotokoll
Pflegezeit
Patientenverfügung

AF834021

Stiftung Warentest

Inhalt

Formulare, Checklisten und Vorlagen

Sie können die Formulare auch bequem kostenlos herunterladen und ausfüllen. Den Link und einen QR-Code finden Sie auf der Seite 101.

A Checkliste: Pflegefall – was nun?

B Ankündigung von Pflegezeit

C Ankündigung von Familienpflegezeit

D Antrag auf Leistungen der Pflegeversicherung

E Checkliste: Pflegeprotokoll

F Antrag auf Einstufung in einen höheren Pflegegrad

G Widerspruch gegen den Bescheid

H Antrag auf einen Zuschuss zur Wohnraumanpassung

I Checkliste: Pflegevertrag prüfen

J Checkliste: Pflegeheim finden

K Patientenverfügung

→ Alle Formulare ab Seite 101

Die wichtigsten Schritte

Was tun, wenn Pflege nötig wird? Die Schritt-für-Schritt-Anleitung hilft Ihnen dabei, die Formalitäten zügig zu erledigen.

Ob Angehörige plötzlich und unerwartet Pflege benötigen oder ob der Pflegebedarf schleichend entsteht – so richtig darauf vorbereitet sind wohl die wenigsten. Wenn es nötig wird, ist es sinnvoll, sich schnell um Hilfe zu kümmern und die eigenen Kräfte möglichst optimal einzusetzen: sowohl, was die Pflege und Fürsorge an sich betrifft, als auch in finanzieller Hinsicht.

Allein muss sich niemand durch die Formalitäten, Anträge und Termine kämpfen. Es gibt zahlreiche Hilfs- und Beratungsangebote, beispielsweise von Pflegeversicherern, Verbänden, Verbraucherzentralen und der Unabhängigen Patientenberatung (siehe S. 12). Nutzen Sie die Angebote. Folgende Schritte sollten Sie beachten:

1 Ermitteln Sie den persönlichen Pflegebedarf Ihres Angehörigen.

Zuerst sollten Sie sich einen Eindruck verschaffen, wie umfangreich der Pflegebedarf ist. Manchmal reicht es schon aus, wenn Angehörige im Alltag stundenweise Hilfe erhalten, etwa weil sie aufgrund ihres hohen Alters nicht mehr in allen Lebenslagen für sich selbst sorgen können. Je nach Lage der Dinge kann irgendwann aber auch Unterstützung rund um die Uhr nötig sein, zum Beispiel bei einer schweren Demenz.

Listen Sie auf, bei welchen Tätigkeiten die pflegebedürftige Person Hilfe braucht, etwa beim Anziehen am Morgen und am Abend, beim Einnehmen von Medikamenten, beim Kochen, Einkaufen oder eben rund um die Uhr. Unser Pflegeprotokoll im Formularteil hilft Ihnen dabei. Sie können auch versuchen, den Pflegebedarf mit Rechnern im Internet abzuschätzen. Dort tragen Sie ein, in welchen Situationen Hilfe nötig ist und was die Betroffenen selbst erledigen können. Einige Versicherungen bieten diesen Service an. Vom Pflegebedarf hängt ab, in welchen der fünf Pflegegrade jemand eingestuft wird (siehe Schritt 3).

2 Entscheiden Sie, welche Form der Versorgung am besten geeignet ist.

Eine der schwierigsten Fragen lautet: Wie soll die benötigte Pflege genau aussehen? Und vor allem: Kann sie zu Hause geleistet werden, oder wird ein Umzug in ein Pflegeheim oder eine ähnliche stationäre Einrichtung nötig sein? Bei dieser Frage geht es nicht mehr nur um Fakten – was erledigt jemand noch selbstständig, was kann er oder sie nicht mehr –, sondern auch um Gefühle: zum Beispiel um Verantwortung und Überforderung, Liebe und Schuld. Die Fragen, die sich Ihnen stellen, könnten sein: Möchte ich Eltern, Partner oder Partnerin selbst versorgen? Was motiviert mich? Wie viel Hilfe von anderen brauchen wir? Was wünscht sich die pflegebedürftige Person? Ist das umsetzbar? Oft lässt sich das nicht leicht beantworten. Setzen Sie sich möglichst mit allen Formen der Pflege auseinander. Es gibt viele verschiedene Möglichkeiten und finanzielle Hilfen für sämtliche Varianten (siehe S. 33). Gut ist oft ein Mittelweg, beispielsweise mit Unterstützung durch Pflegedienste oder Ehrenamtliche, die im Alltag helfen. Auch eine teilstationäre Pflege ist möglich: als Tagespflege oder Nachtpflege.

Versuchen Sie, die Entscheidungen mit allen Betroffenen in Familie und Umfeld gemeinsam zu treffen (siehe S. 8).

3 Beantragen Sie den Pflegegrad bei der Pflegeversicherung.

Um Pflegeleistungen zu erhalten, beantragt die betroffene Person einen Pflegegrad bei ihrer Pflegeversicherung. Mitglieder einer gesetzlichen Krankenkasse sind automatisch bei der angegliederten Pflegekasse abgesichert. Privat Krankenversicherte sind privat pflegepflichtversichert.

Den Antrag können Sie schriftlich, telefonisch, per Fax oder per E-Mail stellen. Viele Pflegeversicherungen geben Formulare aus, die die Antragstellung erleichtern. Angehörige dürfen dabei unterstützen.

Nachdem Sie den Antrag gestellt haben, prüft ein Gutachter die Situation vor Ort (siehe S. 29). Bereiten Sie sich auf den Termin gut vor, damit die Fachkraft sich ein realistisches Bild machen kann. Es hilft zum Beispiel nicht, Ihrer pflegebedürftigen Mutter die Locken frisch einzudrehen, wenn sie das selbst nicht mehr kann und Sie genau diesen Umstand darlegen möchten.

Das Gutachten geht an die Pflegeversicherung, die über den Antrag entscheidet.

4 Organisieren Sie die gewünschte Form der Pflege.

Wenn ein Pflegegrad feststeht, können Sie nun konkrete Hilfen beantragen, etwa einen Pflegedienst, Essen auf Rädern oder eine Haushaltshilfe. Nutzen Sie Angebote wie Pflegekurse und Spezialberatungen. Wenn Sie sich für stationäre Pflege entschieden haben, suchen Sie einen Heimplatz.

Sprechen Sie sich mit Ihrer Familie und Freunden ab, wer weitere Aufgaben wie Arztbesuche und Behördengänge übernehmen kann. Es ist sehr empfehlenswert, die Aufgaben auf mehrere Schultern zu verteilen.

5 Regeln Sie mit der pflegebedürftigen Person, wer sie gesetzlich vertreten darf.

Jeder Mensch sollte eine Vorsorgevollmacht und eine Patientenverfügung haben, und zwar lange bevor er Pflege benötigt. Liegen diese Notfalldokumente nicht vor, sollten Pflegebedürftige sofort rechtlich vorsorgen. Mit einer Vorsorgevollmacht können sie regeln, wer für sie handeln darf, also zum Beispiel in medizinische Behandlungen einwilligen oder Verträge kündigen darf (siehe S. 17). Auch eine Betreuungsverfügung dient dazu, Vertreter für den Bedarfsfall zu bestimmen. Anders als bei der Vorsorgevollmacht muss aber ein Gericht entscheiden, wann die vorgesehene Person handeln darf.

Sollen sich Dritte um die Bankgeschäfte von Pflegebedürftigen kümmern, reicht eine einfache Vorsorgevollmacht meist nicht aus. Banken und Sparkassen bieten eigene Formulare an, die Vollmachtgeber und Bevollmächtigte unterschreiben müssen.

Eine Patientenverfügung regelt, wie Ärzte und Ärztinnen handeln sollen, um das Leben von Betroffenen zu verlängern – und was sie nicht wünschen (siehe S. 21).

Ist ein Mensch nicht mehr in der Lage, für sich zu entscheiden, und liegt keine Vollmacht vor, bestimmt ein Gericht, wer für ihn entscheiden darf (siehe S. 23).

6 Stellen Sie die Finanzierung der Pflege Ihres Angehörigen sicher.

Abhängig vom bewilligten Pflegegrad und der Art der Pflege stehen Betroffenen unterschiedliche Leistungen der Pflegeversicherung zu. Anspruch auf Pflegegeld besteht, wenn sich Angehörige, Freunde oder Ehrenamtliche um die Pflege kümmern. Pflegesachleistungen werden gezahlt, wenn ein ambulanter Pflegedienst Teile der Pflege übernimmt. Darüber hinaus bezahlt die Versicherung bestimmte Alltagshilfen für Zuhause. Weitere Zuschüsse sind möglich, zum Beispiel für barrierefreies Wohnen oder Krankenfahrten. Ziehen Pflegebedürftige in ein Heim, wird stattdessen ein Zuschuss zu den dortigen Pflegekosten geleistet.

Reichen die Leistungen der Versicherung und das Vermögen nicht aus, um die Kosten zu decken, können Betroffene verschiedene staatliche Hilfen beantragen. Erwachsene Kinder werden nur mit hohem Gehalt unterhaltspflichtig (siehe S. 48).

Checkliste. Nutzen Sie unsere Liste „Pflegefall – was nun?“ – Formularteil ab S. 101.

Entscheidungen treffen

Erst einmal ist es wichtig, sich darüber klar zu werden, wo die Pflege stattfinden soll. Wer kann pflegen, wer welche andere Unterstützung leisten? Kann es gelingen, die Wohnung entsprechend anzupassen und ein Netzwerk aufzubauen, das eine gute Versorgung zu Hause sicherstellt? Wenn nicht, ist eine stationäre Pflegeeinrichtung die bessere Lösung.

Um diese Entscheidung treffen zu können, sollten Sie sich beraten lassen und sich nach Möglichkeit zu einem Familiengespräch treffen. Besprechen Sie zusammen mit der pflegebedürftigen Person, wer was zu ihrer Unterstützung beitragen kann und was nicht.

Rechtzeitig darüber reden

Wie, wo und von wem pflegebedürftige Angehörige versorgt werden, sollten Familien möglichst früh besprechen und dafür am besten zu einem Familiengespräch zusammenkommen.

Es ist der 40. Geburtstag von Almut Laudien, der das Leben der heute Über-60-Jährigen aus Friesack in Brandenburg auf den Kopf stellen wird. Sie will mit ihren Schwiegereltern frühstücken, als ihr Schwiegervater vor ihren Augen zusammensackt und seinen zweiten Schlaganfall erleidet. Völlig gesund wird er nie mehr. Er braucht fortan Pflege.

So beginnt für Almut Laudien im Jahr 2006 ein neuer Lebensabschnitt – 18 Jahre lang pflegt sie erst ihre Schwiegereltern, dann ihren Vater. Mann und Sohn unterstützen sie dabei.

„Wenn sie unsere Hilfe brauchen, helfen wir", so hatte die Familie es, auch mit allen Geschwistern, besprochen. Weil sie und ihr Mann extra in der Nähe ihrer Schwiegereltern blieben, waren sie automatisch diejenigen, die sich um alles kümmerten.

Ein Fehler war, sagt Laudien heute, dass sie vorher nie genauer festgelegt hatten, wie die Pflege im Detail organisiert werden sollte. Das sorgte später für Streit zwischen den Geschwistern, als die Laudiens sich irgendwann überfordert fühlten. Der Streit führte schließlich zur Entfremdung. Seit dem Tod der Angehörigen haben die Geschwister keinen Kontakt mehr.

Leben am Rand der Überforderung

Ohne Unterstützung von außen bedeutet der Alltag für pflegende Angehörige: kein Feierabend, keine Pause, kein Urlaub. Das haben auch Almut Laudien und ihr Mann erlebt. Sie gaben ihre Jobs auf, um ihre Angehörigen versorgen zu können. Ihren Vater mit fortschreitender Demenz allein lassen – unmöglich. „Mein Vater war ein Läufer. Er hat alle Türen aufgemacht und stand im Winter nachts in unserem Garten."

Ähnlich erging es auch Hannelore Janus. Die Berlinerin pflegte jahrelang allein ihren Mann nach dessen Demenz-Diagnose. Nachdem er einmal weggelaufen war, hatte sie zunächst einen Heimplatz für ihn besorgt. Doch dort wurde er nicht so versorgt, wie sie es sich für ihn wünschte. Also pflegte sie ihn doch im gemeinsamen Zuhause. Eine Aufgabe, die mit Fortschreiten der Demenz nur zu schaffen war, weil sie ihre eigene Gesundheit aufs Spiel setzte.

Möglicher Pflegebedarf ist Tabuthema

Almut Laudien sagt, die große mit Pflege verbundene Verantwortung sei ihr früher nicht bewusst gewesen. Ihr Tipp: Man sollte möglichst mit allen Angehörigen in allen Konsequenzen über Pflege sprechen, und zwar solange die Eltern noch gesund sind.

Das größte Hindernis für Gespräche über Pflege in Familien ist in den Augen von Jutta Windeck, Beauftragte für Vorsorge und Alter der Caritas Berlin, ein generelles Tabu: „Häufig sprechen weder Kinder noch Eltern offen an, was sie sich in Bezug auf Pflege wünschen und voneinander erwarten." Doch genau so ein offenes und ehrliches Gespräch sollten sie führen. Das ist nicht leicht, denn viele Menschen setzen sich nur ungern damit auseinander, dass sie irgendwann auf die Hilfe anderer angewiesen sind. Und jüngere Angehörigen haben möglicherweise Angst, nicht helfen zu können, oder wollen es vielleicht auch nicht, weil ihr Leben sie genug fordert.

Auch die Details klären

Jutta Windeck findet vor allem die Frage wichtig, wo gepflegt werden soll. Können sich Kinder überhaupt vorstellen, die Eltern im bisherigen Hause zu pflegen, oder soll direkt eine Alternative gesucht werden? Wenn alle Kinder weit weg wohnen, wäre es sinnvoll und denkbar, dass die Eltern dann in die Nähe eines ihrer Kinder ziehen?

Ist klar, dass Mutter und/oder Vater in ihrem Zuhause bleiben wollen würden, geht es darum, wer dort helfen könnte. Wäre es möglich, auch Nachbarinnen oder Freunde einzubinden? Könnten Angehörige aus der Ferne trotzdem einzelne Pflichten übernehmen? Wer könnte in Urlaubszeiten oder bei Krankheit vorübergehend einspringen? Wie bei Kindern braucht es auch bei Pflegebedürftigen das sprichwörtliche Dorf, um gute Unterstützung zu gewährleisten.

Die anfängliche Situation ändert sich auch immer wieder. Familien müssten deshalb dauerhaft im Gespräch bleiben. „Pflege ist ein Prozess", sagt Jutta Windeck.

Über die Pflegekosten informieren

Auch die Finanzen müssen auf den Tisch. Familien sollten ehrlich über Geld sprechen, denn gute Pflege kann schnell teuer werden. Almut Laudien ließ sich bei der ortsansässigen Sozialstation auch darüber beraten. Inzwischen ist sie selbst sehr kundig. Seit Jahren engagiert sie sich beim Verein „Wir pflegen", einer bundesweiten Interessenvertretung für pflegende Angehörige.

UNSER RAT

Pflege zusammen planen

→ **Gespräche.** Ob eine Pflege zu Hause möglich ist, sollten Sie in der Familie besprechen, solange alle noch gesund sind. „Ein ehrliches Gespräch über Wünsche und Erwartungen ist wichtig", sagt Jutta Windeck von der Caritas Berlin.

→ **Unterstützung.** Lassen Sie sich von Fachleuten beraten. Pflegestützpunkte können hierbei erste Anlaufstellen sein, ebenso Wohlfahrtsverbände wie Diakonie und Caritas.

→ **Austausch.** Wenn Angehörige pflegebedürftig werden, können sich Pflegende untereinander über ihre Erfahrungen austauschen und gegenseitig unterstützen. Eine Möglichkeit ist die kostenlose und geschützte Selbsthilfe-App „in.kontakt" (für Android und iOS) vom Verein „Wir pflegen".

Allerdings kann es auch Hindernisse geben bei dem Versuch, Pflege im Vorfeld zu organisieren. Helma Lechtenberg, Projektleiterin der Diakonie Haltestelle Reinickendorf in Berlin, weiß: Ein ambulanter Pflegedienst berät Angehörige oft erst, wenn ein Pflegegrad feststeht. Erst dann könne er das Gespräch über die Pflegeversicherung abrechnen. Ein weiteres Problem: „Angehörige denken oft, dass sie es allein schaffen. Und sie wissen vorher nicht, wobei sie Hilfe benötigen." Ehrlicher Austausch ist daher besonders wichtig.

Überlegungen für später

Almut Laudien hat nach ihren Erfahrungen mit ihrem eigenen Sohn besprochen, dass er sie nicht pflegen soll, sollte es einmal nötig sein. Ihr Mann und sie wollen sich deshalb bald Wohnmöglichkeiten für später ansehen: Eine Senioren-WG oder betreutes Wohnen können sich beide vorstellen.

Daheim oder Heim?

Es gibt gute Gründe sowohl für eine Betreuung zu Hause als auch für den Umzug ins Pflegeheim beziehungsweise in eine alternative Pflegeeinrichtung.

Um Themen wie Älterwerden, Pflegebedarf, Umzug in ein Pflegeheim und Tod wird in vielen Familien ein großer Bogen gemacht. Das ist verständlich, kann aber zu großen Problemen führen. Denn nur rechtzeitige Gespräche können dafür sorgen, dass im Ernstfall Entscheidungen getroffen werden, die im Sinne aller Beteiligten sind.

Gerade die Frage, wo eine gute Versorgung für alle am besten möglich ist – in der vertrauten Umgebung zu Hause oder woanders –, löst bei vielen Beteiligten erstmal Unbehagen aus. Die emotionale Bindung an die bekannte Wohnung oder das Haus ist verständlich. Dort herrschte lange Zeit Autonomie. Ein Umzug in ein Heim bedroht die Selbstständigkeit und auch das eigene Selbstverständnis massiv. Doch es hilft nicht, den Kopf in den Sand zu stecken. Das sorgt noch viel eher dafür, dass keine gut überlegte Entscheidung getroffen werden kann. Viel sinnvoller ist es, wenn jede und jeder die eigenen Wünsche und Bedenken vorbringen kann und gehört wird. Daher trauen Sie sich, das Thema anzusprechen, und machen Sie einen ersten Schritt.

Die beste Form der Unterstützung wählen

Bei der Antwort auf die Frage „Daheim oder Heim?" sollte der Gedanke im Zentrum stehen, wo die pflegebedürftige Person am besten aufgehoben ist. Dazu gehören Überlegungen wie: Wo fühlt sich mein Angehöriger am wohlsten? Und: Wo kann am besten für sie oder ihn gesorgt werden? Leider führen die Antworten darauf manchmal in gegenläufige Richtungen. Das macht die Entscheidung so schwer.

Deshalb ist es meist am besten, gemeinsam in einem Familienrat über die Pflege zu entscheiden. Folgende Überlegungen helfen, weiterzukommen:

➜ Welche Erkrankungen und Einschränkungen sind vorhanden oder absehbar? Ist es realistisch, dass Betroffene damit dauerhaft gut zu Hause leben können?

➜ Ist es möglich und gewünscht, dass ein ambulanter Pflegedienst die Pflege komplett oder teilweise übernimmt? Gibt es Lücken in der Betreuung und Versorgung? Wenn ja: Wer kann sie schließen?

➜ Kann die Wohnung oder das Haus pflegegerecht umgebaut werden? Reichen die finanziellen Mittel für einen Umbau oder einen Umzug in eine andere Wohnung? Wo gibt es finanzielle Unterstützung?

➜ Bietet das Umfeld eine seniorengerechte Infrastruktur? Sind beispielsweise Arztpraxen, Lebensmittelladen und Friseursalon fußläufig erreichbar? Gibt es gut erreichbare und barrierefreie Nahverkehrsmittel? Gibt es ehrenamtliche und professionelle Unterstützungsangebote?

➜ Wie ist das Verhältnis in der Familie? Wer kann pflegen? Hat jemand bereits Erfahrungen mit Pflegetätigkeiten?

➜ Wer kann einspringen, wenn die Hauptpflegeperson verhindert ist? Gibt es Hilfe aus der Nachbarschaft oder dem Bekanntenkreis?

➜ Kann die pflegebedürftige Person, wenn nötig, zu einem Familienmitglied ziehen?

Gefühle sind wichtig

Die genannten Überlegungen beziehen sich auf tatsächliche Umstände. Aber bei der Frage des Wohnorts geht es auch um Emotionen. In einer repräsentativen Umfrage für die Deutsche Stiftung Patientenschutz sagten 89 Prozent der Befragten, dass sie lieber zu Hause statt in einem Heim gepflegt werden wollen. Nur wenige können sich vorstellen, in eine Pflegeeinrichtung zu ziehen, wenn es Alternativen gibt.

Ein Grund ist: Viele Menschen fürchten größere Veränderungen grundsätzlich. Dass Ältere von einem Umzug ins Heim vielleicht auch profitieren könnten, kommt den Beteiligten oft nicht in den Sinn. Doch eine Veränderung kann auch Gutes bewirken.

Professionelle Pflegekräfte machen zum Beispiel oft die Erfahrung, dass ältere Menschen (wieder) viel lebhafter sind, wenn sie nicht den ganzen Tag allein in ihrer Wohnung sitzen. Neue Leute kennenzulernen und an Veranstaltungen teilzunehmen, die das Heim anbietet, das schafft auch neuen Gesprächsstoff. Der Austausch regt die grauen Zellen an. Das gilt zumindest für Menschen, die grundsätzlich eher gern unter Leuten sind. Eigenbrötler können hingegen zu Hause besser aufgehoben sein. Aber auch bei ihnen gibt es eine Grenze. Spätestens, wenn jemand bettlägerig wird, ist ein Pflegeheim die bessere Lösung.

CHECKLISTE

Ein Heim ist die bessere Wahl, wenn...

- ➔ Pflegebedürftige rund um die Uhr versorgt und betreut werden müssen.
- ➔ Pflegebedürftige nicht mehr allein essen können.
- ➔ Pflegebedürftige stark inkontinent sind.
- ➔ Pflegebedürftige kaum noch kommunizieren können.
- ➔ ambulante Leistungen dem Pflegebedarf nicht gerecht werden und es nicht möglich ist, zusätzliche Leistungen in Anspruch zu nehmen.
- ➔ größere Umbaumaßnahmen in der Wohnung, etwa eine Verbreiterung der Türen, notwendig wären, aber nicht durchführbar sind.
- ➔ für Sie als Angehörige keine Zeit mehr bleibt, Ihren eigenen Bedürfnissen nachzugehen.
- ➔ die Pflege sich zum Vollzeitjob entwickelt, und Sie Ihren Beruf aufgeben oder Ihre Arbeitszeit deutlich einschränken müssten, was Sie aber eigentlich nicht wollen.
- ➔ Sie unter Schlafstörungen, Schmerzen, Ängsten oder weiteren Symptomen leiden, die im Zusammenhang mit der Pflege stehen.
- ➔ es keine Ersatzpflegepersonen gibt, falls Sie erkranken oder Urlaub brauchen.

Zwischen Liebe und Überforderung

Auch die Gefühle der Angehörigen sind von Bedeutung, insbesondere große Emotionen wie Verantwortung und Überforderung, Liebe und Schuld. Darf ich eigene Bedürfnisse haben? Kann ich sagen, dass ich es nicht schaffe, die Pflege (allein) zu übernehmen? Darf ich ein Heim vorschlagen, obwohl Mutter und Vater auf vieles verzichtet haben, um mich großzuziehen? Kann ich einen Pflegedienst für meine Frau, meinen Mann um Mithilfe bitten, obwohl ich ihr oder ihm doch Beistand in guten wie in schlechten Tagen versprochen habe?

Wer mit diesen Fragen hadert und nicht weiterkommt, kann sich Entscheidungshilfe suchen, zum Beispiel vor Ort bei einem Pflegestützpunkt (siehe S. 14) oder online auf pflegen-und-leben.de. Auch der Austausch mit anderen Pflegenden kann helfen (siehe S. 15). Manchmal erleichtern Erfahrungsberichte anderer die Entscheidung für oder gegen die Pflege zu Hause.

Unterstützung in Anspruch nehmen

Auch wenn Pflegebedürftige weiterhin zu Hause bleiben können, muss es nicht allein Sache der Angehörigen sein, sie zu versorgen. Um die Pflege auf viele Schultern zu verteilen, können Angehörige professionelle Dienste in Anspruch nehmen. Wohlfahrtsverbände und unabhängige Vereine bieten oft ehrenamtliche Unterstützung an, um pflegende Angehörige zu entlasten: zum Beispiel Besuchs- und Fahrdienste und Hilfe im Haushalt. Wer einen Menüdienst hat, bekommt eine warme Mahlzeit pro Tag geliefert. Familien können auch einen ambulanten Pflegedienst beauftragen und dessen Leistungen nach und nach aufstocken.

Entscheidung lässt sich widerrufen

Egal, wie sich Pflegebedürftige und Angehörige entscheiden: Die gefundene Lösung ist nicht in Stein gemeißelt und kann auch in Zukunft geändert werden. Wem die Pflege von Angehörigen über den Kopf wächst, der kann sich immer noch für den Umzug ins Heim einsetzen. Und auch der Weg in die andere Richtung ist möglich.

Das Pflegeheim muss nicht unbedingt die Endstation sein, wissen Pflegekräfte. Manche Menschen erholen sich im Heim so gut, dass sie mit frischer Kraft in ein an die Pflege angepasstes Zuhause zurückkehren. Bestimmte Heime sind sogar genau dafür bekannt.

Beratung nutzen

Wird ein Mensch pflegebedürftig, hat er selbst und haben die Angehörigen viele Fragen. Zahlreiche Anlaufstellen bieten fachkundige Beratung. Das gilt für Pflegende in allen Altersklassen.

Julika Stich hat sich fast zwanzig Jahre lang um ihre Mutter gekümmert. Sie war zwei, als diese an Multipler Sklerose erkrankte, und sieben, als sie aktiv in die Versorgung ihrer Mutter eingebunden wurde. „Ich habe mit kleinen Aufgaben angefangen, über die Jahre wurden es immer mehr", erzählt die heute 42-Jährige. „Für mich vor allem in der Pubertät schwierig war die Intimpflege meiner Mutter." Sie hatte kaum Hilfe. Auch seelische Unterstützung, die sie in dieser Zeit dringend gebraucht hätte, bekam die Jugendliche wenig – weder in der Familie noch in der Schule. Dabei hätten ihr gerade Gespräche mit Außenstehenden gutgetan. „Heute weiß ich, dass ich oft ständig überfordert war", erinnert sie sich.

Wie Julika Stich pflegen knapp 500 000 Kinder und Jugendliche in Deutschland aktuell Familienangehörige zu Hause. „Als ich begriffen habe, dass ich nicht allein bin, war das sehr befreiend", sagt Julika Stich, „und die Erkenntnis, dass es Hilfen gibt. Dass man sich Entlastung holen kann."

CHECKLISTE

Beratungsgespräch – gut vorbereiten

Ob beim Pflegestützpunkt oder Sozialdienst – ein Beratungsgespräch über die aktuelle Pflegesituation gelingt besser, wenn Sie sich mit Ihren Angehörigen vor dem Termin konkrete Gedanken über Ihre Situation und Ihre Wünsche machen. Wichtig sind bei Ihren Überlegungen diese Punkte:

➔ **Mit der Familie reden.** Überlegen Sie gemeinsam mit nahestehenden Menschen, wer welche Unterstützung leisten kann. Auch Freunde können helfen. Häufig geht es nicht nur um Pflege und Betreuung, sondern auch um weitere Aufgaben wie Einkauf, Hilfe beim Ausfüllen von Formularen und darum, Gesellschaft zu leisten. Oft wird schnell klar, wer was übernehmen kann und möchte.

➔ **Lebenssituation klären.** Die Pflegeversicherung übernimmt einen Teil der Kosten für professionelle Pflegedienste und -einrichtungen. Verschaffen Sie sich einen Überblick über Ihre Finanzen. Dann können Sie besser einschätzen, welche Lösungen, die etwa eine Beraterin vorschlägt, für Sie infrage kommen. Überlegen Sie, wo die Pflege stattfinden soll, ob eine Wohnungsanpassung oder ein Umzug geplant werden muss. Wenn es ein Pflegegutachten gibt, nehmen Sie es zur Beratung mit.

➔ **Fragen aufschreiben.** Notieren Sie alle Fragen genau. Wenn Sie als pflegende Angehörige den Eindruck haben, dass Sie an Ihre Grenzen stoßen, fragen Sie sich: Was mache ich alles? Welche Situationen fallen mir besonders schwer? Was würde ich gern verändern? Wie und wo erhole ich mich?

➔ **In der Beratung.** Fragen Sie nach, wenn Sie etwas nicht verstehen. Machen Sie sich Notizen. Lassen Sie sich bei Bedarf eine Liste mit Anbietern der Region aushändigen. Die Berater helfen dabei, einen Pflegeplan aufzustellen, welche Hilfe nötig ist, welche Privatpersonen und welche Dienste was übernehmen sollen.

Informiert zu sein ist wichtig

Deshalb gründete sie 2016 eine Anlaufstelle für junge Pflegende: Young Helping Hands. Hilfesuchende können auf ihrer Internetseite (Young-helping-hands.de) Informationen, Adressen und Rat bekommen. Auf der recht neuen staatlichen Webseite pausentaste.de gibt es für junge Pflegende aktuelle Informationen, die Möglichkeit zum Austausch und geschützte Chat-Beratung.

Wie wichtig solche Initiativen, Beratungsstellen und Selbsthilfegruppen sind, zeigt sich vor allem, wenn ein Mensch von einem Moment auf den anderen pflegebedürftig wird. Angehörige müssen schnell reagieren. Auch ihr Leben verändert sich plötzlich – besonders, wenn sie selbst die Pflege übernehmen. Ohne professionellen Rat kommt kaum jemand weiter. Wer nicht weiß, was ihm zusteht, geht leer aus; wer sich zu viel zumutet, wird selbst krank.

Pflegekasse muss beraten

Erste Ansprechpartnerin für Pflegebedürftige und Angehörige – auch telefonisch – ist die Pflegekasse, die der gesetzlichen Krankenkasse angegliedert ist. Wer Leistungen aus der gesetzlichen Pflegeversicherung bezieht oder beantragt, hat Anspruch auf eine

Wichtige Anlaufstellen bei Fragen zur Pflege

	Wer wird beraten?	Wer berät?	Wozu wird beraten?
Gesetzliche Kassen	Gesetzlich Pflegeversicherte und deren Angehörige.	Meist Sozialversicherungsfachangestellte, auch Pflegefachkräfte.	Pflegeleistungen, Erleichterung des Pflegealltags.
Private Krankenversicherer	Privat Krankenversicherte und deren Angehörige.	Sozialarbeiter, Gerontologinnen, Pflegekräfte.	Pflegeleistungen, Organisation des Pflegealltags, Demenzberatung.
Pflegestützpunkte	Jeder, vorrangig gesetzlich Versicherte. Privat Versicherte werden gegebenenfalls verwiesen (siehe oben).	Stützpunkte können einzeln oder gemeinsam von Krankenkassen, Kommunen oder Wohlfahrtsverbänden organisiert sein.	Pflegeleistungen und Organisation des Pflegealltags.
Sozialdienst in Kliniken	Patienten und Angehörige.	Pflegekräfte oder Sozialarbeiter der Klinik.	Unterstützung nach Klinikaufenthalt; Hilfe bei der Organisation von Pflege wie Beschaffen von Hilfsmitteln, Beantragen von Pflegeleistungen, Weitergabe von Adressen von Pflegediensten.
Wohnberatungsstellen	Jeder.	Architekten, Sozialpädagogen und andere, die sich als Wohnberater fortgebildet haben.	Wohnformen im Alter, seniorengerechter und barrierefreier Umbau, Klären aller mit einem Wohnungswechsel verbundenen Fragen.
Pflegetelefon des Bundesfamilienministeriums	Jeder.	Pflegefachkräfte, Psychologinnen.	Lotse zu den Angeboten vor Ort für alle Fragen rund um das Thema „Pflege und Hilfe im Alter", Pflegeleistungen, Telefonseelsorge.

neutrale und kostenlose Beratung. Bei privat Krankenversicherten besteht der Anspruch gegenüber der privaten Pflegepflichtversicherung. Angehörige haben grundsätzlich das Recht, sich auch beraten zu lassen.

Die Beratenden geben Auskunft über Hilfsangebote in der Nähe. Zudem müssen sie auf Anfrage Leistungs- und Preislisten von Pflegeheimen, Pflegediensten und weiteren Hilfsangeboten in der Umgebung zusenden oder mitgeben.

Kann eine Versicherung ihre Beratungspflicht nicht selbst erfüllen, sollte sie eine Anlaufstelle nennen, die das übernimmt. Das ist sogar recht üblich. Vielerorts haben Kassen und Kommunen Pflegestützpunkte als Beratungsstellen eingerichtet. Nur in Sachsen und Sachsen-Anhalt gibt es stattdessen die vernetzte Pflegeberatung.

Bundesweit gibt es Pflegeberatung

Ratsuchende können in Pflegestützpunkten und bei der vernetzten Pflegeberatung ihren Anspruch auf unabhängige und fachlich kompetente Beratung einlösen. Sie können auch Hilfe beim Stellen von Anträgen und der Organisation notwendiger Hilfsdienste erhalten.

In fast 60 Prozent der Fälle suchten nicht die Pflegebedürftigen selbst, sondern ihre Angehörigen Rat, berichtet Birgit Burmeister, Teamleiterin bei den Pflegestützpunkten Berlin: „Wir kennen uns gut aus in der Stadt und sind gut vernetzt, haben eine Beratungs- und Lotsenfunktion und vermitteln Betroffene auch an Spezialisten weiter, wie zum Beispiel die Alzheimer Gesellschaft."

Wo wird beraten?	Kosten	Besonderheit
Am Telefon, in der Geschäftsstelle, Hausbesuche möglich.	Keine.	Versicherte und Angehörige haben bei Antrag auf Pflegeleistungen Anspruch auf Beratung.
Telefonischer Kontakt mit Firma Compass (0 800/1 01 88 00), Hausbesuche.	Keine.	Versicherte und Angehörige haben Anspruch auf Pflegeberatung.
Am Telefon, im Stützpunkt, Hausbesuche sind möglich.	Keine.	–
Am Klinikbett und in den Räumen des Sozialdienstes im Krankenhaus.	Keine.	–
Beratungsstelle (Adressen auf wohnungsanpassung-bag.de), zu Hause und im Internet: online-wohn-beratung.de	Oft kostenlos.	–
Am Telefon von Montag bis Donnerstag zwischen 9 und 18 Uhr unter der Rufnummer 0 30/20 17 91 31, per E-Mail an info@wege-zur-pflege.de.	Keine.	–

Sozialstationen, Verbraucherzentralen, Kommunen, Seniorenbüros und Wohlfahrtsverbände wie AWO, Deutsches Rotes Kreuz oder Diakonie helfen ebenfalls weiter. Pflegedienste beraten vor allem, wenn schon eine Pflegekraft kommt oder kommen soll. Der Dienst kann einschätzen, wie viel Pflege notwendig ist. Wo die nächste Pflegeberatung möglich ist, können Sie im Internet mithilfe der Datenbank des Zentrums für Qualität in der Pflege (bdb.zqp.de) herausfinden.

Fehlt eine Beratungsstelle in der Nähe, sind Hausärzte gute Ansprechpartner. Sie und ihr Praxispersonal kennen häufig die Hilfeanbieter in der Gegend, manchmal liegen auch Prospekte im Wartezimmer. Vielleicht haben Nachbarn oder Freundinnen gute Erfahrungen mit einem Anbieter gemacht oder von einem guten Dienst gehört.

Austausch mit anderen Pflegenden

Pflegenden, die unsicher sind, ob und wie sie die vielen Aufgaben bewältigen sollen, hilft oft auch ein Gespräch mit Menschen in einer ähnlichen Lebenssituation. „Manchmal reicht es schon, sich mal alles von der Seele zu reden“, weiß Julika Stich.

Bei Initiativen, wie „Wir pflegen“ (Wir-pflegen.net) oder „Pflegende Angehörige“ (Pflegende-angehoerige-ev.de), können Kontakte geknüpft werden. Unter Gleichgesinnten können viele Pflegende zum ersten Mal über Probleme sprechen, wie zum Beispiel Überlastung und Überforderung. So auch Julika Stich: Auf ihrer Internetseite und auf Facebook schildert sie ihre Erfahrungen als „Young carer“, – um andere Minderjährige,

UNSER RAT

Gut beraten lassen

➔ **Beratungsstelle.** Wer Pflegeleistungen beantragt, hat Anspruch auf eine kostenlose, neutrale Pflegeberatung. Gesetzlich Krankenversicherte bekommen ortsnahe Adressen von ihrer Kasse. Privat Versicherte wenden sich an die Compass Private Pflegeberatung. Bei Fragen zu Vollmachten und Verfügungen sowie zum Betreuungsrecht helfen örtliche Betreuungsvereine weiter.

➔ **Internet.** Auf der Internetseite des Zentrums für Qualität in der Pflege (bdb.zqp.de) können Sie wohnortnahe Beratungsstellen suchen, auch von Kommunen und Wohlfahrtsverbänden.

➔ **Vor Ort und am Telefon.** Kurze Informationen erhalten Sie telefonisch, Umfangreiches klären Sie besser in der Beratungsstelle. Ist eine komplexe Pflegesituation zu klären, suchen Sie – wenn möglich – das persönliche Gespräch oder bitten um einen Hausbesuch.

Wer eine Rundum-Beratung aus einer Hand möchte und keine Kosten scheut, kann freie Pflegeberater engagieren. Gegen Honorar kommen diese zu Pflegebedürftigen nach Hause, verschaffen sich einen Überblick über deren Situation, helfen beim Beantragen von Pflegeleistungen und begleiten die Begutachtung für die Einstufung in einen Pflegegrad (siehe S. 28).
Wichtig: Bei der Auswahl von freien Pflegeberatern sollten Sie auf deren Qualifikation achten und sich vor der Erstberatung alle Kosten offenlegen lassen.

die Angehörige pflegen, anzusprechen. Auch dort vernetzen sich Betroffene.

Wer professionelle psychologische Unterstützung benötigt, findet sie bei Kirchen und Wohlfahrtsverbänden. Für psychologische Betreuung im Internet ist die Seite Pflegen-und-leben.de eine gute Anlaufstelle. Pflegende können sich dort auch anonym beraten lassen. Für gesetzlich Krankenversicherte ist das kostenlos.

Pflegebegleiter helfen ehrenamtlich

In vielen Regionen gibt es ehrenamtliche Senioren- sowie Pflegebegleiter und -begleiterinnen. Oft werden sie von Gemeinden und Selbsthilfegruppen vermittelt. Sie kennen Hilfsangebote am Wohnort sowie die Leistungen der Kassen und helfen dabei, den Alltag zu bewältigen.

Weitere Anlaufstellen

Neben den Anlaufstellen in der Tabelle auf S. 14 / 15 gibt es zahlreiche weitere Stellen, die Informationen oder Beratung bieten:
➔ **Sozialverbände.** Lehnt die Kasse gewünschte Leistungen ab, bekommen Sie bei Sozialverbänden kostenlosen Rat zum Widerspruchsverfahren.
➔ **Verbraucherzentralen.** Zum Beispiel die Verbraucherzentrale Nordrhein-Westfalen bietet viele Informationen im Internet (vz-nrw.de).
➔ **Selbsthilfegruppen.** Der Austausch in Selbsthilfegruppen hilft pflegenden Angehörigen. Vor allem bei Pflegebedürftigen mit bestimmten Erkrankungen, wie etwa Krebs oder Demenz, können regelmäßige Treffen eine große Hilfe sein.
➔ **Hausärzte.** Sie sind vor allem auch auf dem Land wichtige Lotsen.
➔ **Unabhängige Patientenberatung Deutschland (UPD).** Sie hilft Ratsuchenden bei allen Fragen und Problemen im Bereich Pflege. Zum Team gehören etwa Ärztinnen, Juristen und Sozialversicherungsangestellte.
➔ **Krisenhilfe.** Hilfe und Rat in Krisen, etwa wenn es zu Gewalt in der Pflege kommt, bietet die Webseite Pflege-gewalt.de.

Vorsorgevollmacht

In einer Vollmacht lässt sich regeln, wer im Notfall wichtige Entscheidungen treffen und sich um vieles mehr kümmern darf.

In einer Vorsorgevollmacht benennt ein Mensch, der sogenannte, Vollmachtgeber eine Vertrauensperson, die stellvertretend für ihn rechtsverbindliche Erklärungen abgeben und Aufgaben erledigen darf. Wie wichtig eine Vorsorgevollmacht werden kann, zeigt das Beispiel einer Notfalloperation.

Als Notfall operiert

Saziye Yildiz kam als Notfall ins Krankenhaus, nachdem sie nachts unerträglichen Druck auf das Gehirn verspürte. Die Ärzte stellten ein Gehirn-Aneurysma fest und operierten die 54-Jährige sofort. Bei einem Aneurysma platzen Blutgefäße. Blutungen im Gehirn können zu Behinderungen und zum Tod führen. Die Operation verlief erfolgreich. Um den Heilungsprozess zu fördern, versetzten die Ärzte die Patientin anschließend in ein künstliches Koma.

Als die Ärzte dann bei der Komapatientin einen Luftröhrenschnitt machen wollten, um sie künstlich zu beatmen, benötigten sie die Einwilligung der Patientin. Diese konnte sie aber selbst nicht geben, weil sie ja im Koma lag. Ihre Schwester Aysel Yildiz konnte die Erlaubnis aber erteilen, weil Saziye ihr frühzeitig eine Vorsorgevollmacht ausgestellt hatte. „Die Ärzte wollten die Vorsorgevollmacht im Original sehen, danach durfte ich dem Eingriff zustimmen", sagt sie.

Die Patientin lag länger als erwartet im Koma und wachte zunächst nicht auf. „Die Ärzte wollten wissen, was meine Schwester im Hinblick auf lebensverlängernde Maßnahmen verfügt hatte", erinnert sich die Bevollmächtigte. „Meine Schwester hatte zum Glück eine Patientenverfügung."

Krankenkasse, Miete, Versicherungen

Saziye Yildiz erwachte glücklicherweise wieder aus dem Koma und kehrte Schritt für Schritt ins Leben zurück. „Doch mit medizinischen und behördlichen Entscheidungen war sie noch überfordert", erinnert sich ihre Schwester. Deshalb war sie es auch, die zustimmen musste, als die Patientin auf Rat der Ärzte nach drei Monaten Krankenhausaufenthalt in eine Rehaklinik verlegt werden sollte. „Außerdem hatte ich viel mit der Krankenkasse zu tun", sagt sie. „Für den geplanten Aufenthalt zu Hause habe ich eine Haushaltshilfe und ambulante Rehamaßnahmen beantragt." Die Krankenkasse hat beides finanziert, verlangte dafür aber auch erst die Vorlage der Vorsorgevollmacht.

Beim Sortieren der Unterlagen stellte sich auch heraus, dass Saziye Yildiz zwei Berufsunfähigkeits-Zusatzversicherungen hat. Als die Schwester die Versicherer anrief, um sich die Leistungsanträge zuschicken zu lassen, wurde ein Versicherer erst nach Vorlage der Vorsorgevollmacht tätig.

Bank akzeptierte Vollmacht nicht

Bei der Bank hatte Aysel Yildiz Pech. Die Mitarbeiter akzeptierten die Vollmacht nicht, obwohl die Schwester beauftragt war, auch Konto- und Vermögensangelegenheiten zu regeln. Der Kontozugriff war notwendig, um Überweisungen zu tätigen und Abrechnungen zu kontrollieren. „Meine Schwester hat ein Konto bei der Targobank", sagt Aysel Yildiz. Diese erkannte jedoch wie die meisten

Banken und Sparkassen die handschriftlich unterschriebene Vorsorgevollmacht nicht an – obwohl das Dokument nach offizieller Rechtslage ausreicht. Die Banken begründen ihre Ablehnung oft mit einem hohen Bearbeitungsaufwand: Für jede Verfügung müsse die Originalvollmacht vorliegen und die Rechtsabteilung diese prüfen. Stattdessen bieten Banken und Sparkassen ihren Kunden hauseigene Formulare für eine Bankvollmacht an. In Filialbanken müssen Vollmachtgeber und Bevollmächtigter dann persönlich erscheinen, unterschreiben und die Details festlegen. Bei Direktbanken müssen Kunden die Formulare anfordern und ihre Identität per Postident- oder Video-Ident-Verfahren nachweisen. Anerkennung bei Banken hat in der Regel auch eine von einem Notar beurkundete Vorsorgevollmacht.

Aysel Yildiz konnte zum Glück aus eigenen finanziellen Mitteln Rechnungen für ihre Schwester begleichen. Als die Schwester aus der Reha nach Hause entlassen wurde, kümmerte sich die Bevollmächtigte sofort um einen Termin bei der Bank, bei dem beide gemeinsam eine allgemeine Bankvollmacht unterschrieben. Für die Zukunft haben sie ihre finanzielle Vorsorge geregelt.

Sparkasse erfolgreich verklagt

Gegen diese Bankenpraxis wehrte sich ein Bevollmächtigter erfolgreich vor Gericht. Er hatte eine Vorsorgevollmacht und wollte Zugriff auf das Sparkonto der Mutter. Die Sparkasse weigerte sich. Der Sohn klagte und bekam recht. Die Sparkasse erstattete ihm den Zinsschaden sowie Anwaltskosten in Höhe von insgesamt rund 2 580 Euro (Landgericht Detmold, Az. 10 S 110/14). Bevollmächtigte können sich auf dieses Urteil berufen, wenn die Bank oder Sparkasse ihre Vorsorgevollmacht nicht anerkennt. Eine Rechtspflicht für Banken begründet das Urteil aber nicht. Bevollmächtigte müssen bei Weigerung ihres Instituts abwägen, ob sie einen Rechtsstreit führen.

Was alles zu beachten ist

Es ist sinnvoll, sich so früh wie möglich – am besten ab dem 18. Geburtstag – um eine Vorsorgevollmacht zu kümmern. Denn jeder kann in die Lage kommen, nichts mehr entscheiden zu können, sei es durch Krankheit, Unfall oder altersbedingt.

Für die Vorsorgevollmacht gelten nur wenige Formvorschriften. Der Text kann handschriftlich verfasst sein. Um nichts zu vergessen, hilft es, vorgefertigte Formulare auszufüllen oder sich daran zu orientieren. Das Dokument sollte eigenhändig unterschrieben und mit Datum versehen sein.

Nicht notwendig ist eine Beglaubigung der Unterschrift oder die Beurkundung durch einen Notar. Nur für Kontogeschäfte, Immobilien und die Aufnahme eines Kredits gelten Extraregeln.

Bevollmächtigung sinnvoll regeln

In der Vorsorgevollmacht legen Vollmachtgeber fest, was eine oder mehrere Bevollmächtigte tun dürfen – und was nicht. Die Vollmacht kann vorübergehend zum Einsatz kommen oder dauerhaft. Sinnvoll ist es, folgendes zu regeln:

➔ **Gesundheit.** Arztpraxen, Krankenhäuser und Pflegeeinrichtungen sollten von der Schweigepflicht gegenüber den Bevollmächtigten entbunden sein. Und Bevollmächtigte sollten über Untersuchungen, Behandlungen, Operationen und andere medizinische Fragen entscheiden dürfen.

Ärztliche Heilmaßnahmen und Operationen sind häufig mit Risiken verbunden, die manchmal sogar lebensgefährlich sein können. Sollen Bevollmächtigte ihre Zustimmung zu solchen gefährlichen Eingriffen erteilen dürfen, muss das ausdrücklich in der Vollmacht stehen. Gleiches gilt für Entscheidungen über lebensverlängernde und -erhaltende Maßnahmen (Paragraf 1904 Bürgerliches Gesetzbuch).

➔ **Pflege.** Vor allem ältere Menschen benötigen oft Unterstützung, wenn sie eine Haushaltshilfe beantragen, einen Pflegedienst engagieren oder ins Heim umziehen. Die Vollmacht sollte Pflege und Versorgung umfassen.

➔ **Freiheitsbeschränkung.** Vollmachtgeber können regeln, ob Bevollmächtigte sie in ihrer Freiheit einschränken dürfen. Es kann sein, dass jemand krankheitsbedingt die Notwendigkeit einer medizinischen Behandlung nicht erkennt. Empfehlen Ärzte dann eine Zwangsbehandlung, zum Beispiel in Form von ruhigstellenden Medikamenten oder Bettgittern, dürfen Bevollmächtigte darin nur einwilligen, wenn dies ausdrücklich in der Vollmacht erwähnt ist.

Auch mit Vollmacht gilt aber: Solch eine Zwangsbehandlung gegen den eigenen Willen ist nur im äußersten Notfall erlaubt. Zudem muss immer eine Genehmigung vom Betreuungsgericht vorliegen (Paragraf 1906 Bürgerliches Gesetzbuch). Voraussetzung für Zwangsmaßnahmen ist die Gefahr, dass ein erheblicher Schaden an der eigenen Gesundheit entstehen könnte.

➔ **Wohnung/Aufenthalt.** Es kann sein, dass Mietverträge gekündigt werden müssen, etwa weil der Umzug in eine altersgerechte Wohnung oder in ein Heim ansteht. Bevollmächtigte sollten Verträge kündigen und neue abschließen dürfen.

➔ **Justiz.** Hier geht es darum, dass Bevollmächtigte auch vor Gericht tätig werden und zum Beispiel Rechtsmittel gegen einen Bescheid des Finanzamts oder einer anderen Behörde einlegen dürfen.

➔ **Behörden.** Bevollmächtigte sollten gegenüber allen Ämtern und Behörden umfassend handeln können.

➔ **Kommunikation.** Bevollmächtigte sollten Briefe öffnen und Telekommunikationsverträge verwalten dürfen sowie gegebenenfalls Zugang zum Computer, zu E-Mails und Internetanwendungen haben. Wer dies umfassend regeln möchte, muss Bevollmächtigten die Passwörter nennen.

Tipp: Notieren Sie Ihre Passwörter auf einem Zettel und heften Sie diesen an die Vollmacht. So haben Bevollmächtigte bei Bedarf alles an einem Ort parat.

UNSER RAT

Wichtige Papiere

➔ **Vorsorgevollmacht.** Mit einer Vorsorgevollmacht beauftragen Sie einen anderen Menschen, für Sie im Notfall zu entscheiden, zum Beispiel im Krankenhaus. Für jeden ab 18 ist es sinnvoll, sich darum zu kümmern, denn jede Person kann in die Lage kommen, nicht mehr selbst entscheiden zu können – sei es durch Unfall oder Krankheit. Selbst Ehe- und Lebenspartner dürfen mit Ausnahme des Notvertretungsrechts (siehe S. 24) nicht automatisch füreinander sprechen. Die Aufgaben des Bevollmächtigten legen Sie selbst fest.

➔ **Betreuungsverfügung.** Sie können in einer Betreuungsverfügung eine Person für den Notfall als Betreuer vorschlagen – etwa für medizinische, rechtliche oder behördliche Angelegenheiten. Ein Betreuer kann jedoch nicht automatisch für Sie handeln – er wird vom Gericht beauftragt und unterliegt dessen Kontrolle.

➔ **Patientenverfügung.** In einer Patientenverfügung legen Sie schriftlich fest, für welche Behandlungssituation Sie in medizinische Maßnahmen einwilligen und welche Sie ablehnen. Die Angaben sollten so konkret wie möglich sein (siehe S. 21).

CHECKLISTE

Vorsorgedokumente – richtig aufbewahren

➔ **Informiert.** Bevollmächtigte müssen wissen, welche Vollmachten und Verfügungen es gibt und wo die Dokumente im Notfall zu finden sind. Sie brauchen auch faktisch Zugang darauf. Vielleicht sind sie beim Vollmachtgeber zu Hause in einer Schublade oder in einem Vorsorge-Ordner. Liegen die Dokumente im Safe und die bevollmächtigte Person hat keinen Schlüssel, wäre das schlecht. Am besten befindet sich das Original oder eine beglaubigte Abschrift beim Bevollmächtigten.

➔ **Vorsorgeregister.** Beim Zentralen Vorsorgeregister der Bundesnotarkammer lässt sich registrieren, ob eine Vorsorgevollmacht, Patientenverfügung und Betreuungsverfügung vorliegen. Im Notfall fragen Gerichte dort nach und erfahren so Namen und Kontakt einer bevollmächtigten oder für die Betreuung vorgeschlagenen Person. Wer die Dokumente mithilfe eines Notars erstellt hat, muss in der Regel nicht selbst aktiv werden.

➔ **Kosten.** Die Daten können je nach Umfang für einmalig 20 bis 30 Euro hinterlegt werden. Die Registrierung gilt lebenslang. Nur Änderungen sind teils gebührenpflichtig.

➔ **Kontakt.** Das Vorsorgeregister ist online (vorsorgeregister.de) oder per Post erreichbar: Bundesnotarkammer, Zentrales Vorsorgeregister, Postfach 08 01 51, 10001 Berlin.
Tel. 0800/3 55 05 00 (kostenlos).

➔ **Versicherungen.** Vollmachtgeber sollten überlegen, welche ihrer Versicherungen die Bevollmächtigten verwalten, also auch kündigen und gegebenenfalls neu abschließen dürfen. Gut ist es, alle Verträge, von der Kranken- über die Haftpflicht-, Kfz- und Hausrat- bis hin zu Lebensversicherungen daraufhin durchzugehen. Bei einer Lebensversicherung müssen Bezugsberechtigte, die im Vertrag eingetragen sind, nicht mit den Bevollmächtigten identisch sein. Vollmachtgeber sollten sich außerdem überlegen, ob sie eine vorzeitige Kündigung durch Bevollmächtigte ausschließen möchten. Das lässt sich in der Vollmacht festhalten.

➔ **Bank/Sparkasse.** Oft ist es sinnvoll, wenn Bevollmächtigte über das Girokonto und eventuell Sparkonten verfügen dürfen. Vollmachtgeber und Bevollmächtigte sollten dies gemeinsam mit der zuständigen Bank klären. Banken und Sparkassen bieten hierfür eigene Bank- oder Kontovollmachten an. Ebenso ermöglicht eine von einem Notar beurkundete Vollmacht in der Regel den Kontozugriff.

➔ **Immobilie.** Sollen Bevollmächtigte später das Haus oder die Eigentumswohnung verkaufen dürfen, reicht eine einfache Unterschrift unter der Vorsorgevollmacht nicht aus. Vollmachtgeber haben in diesem Fall zwei Möglichkeiten. **Erstens:** Sie können die Vollmacht notariell beurkunden lassen. Eine notarielle Vollmacht erkennen Grundbuchämter bei einer Immobilienübertragung an. Die Kosten für die Beurkundung richten sich nach dem Wert des Vermögens. Bei rund 250 000 Euro liegen die Gebühren bei etwa 300 Euro. **Zweitens:** Die Unterschrift unter einer Vorsorgevollmacht wird von einer Betreuungsbehörde oder -stelle „öffentlich“ beglaubigt. 10 Euro darf diese Beglaubigung kosten. **Tipp:** Ihre zuständige Betreuungsbehörde kann das örtliche Amtsgericht nennen. Sie finden sie auch nach Eingabe der Postleitzahl unter test.de/betreuungsbehoerde.

➔ **Einschränkungen.** Vollmachtgeber können Freigaben auch beschränken. Ihre Vorstellungen sollten sie konkret formulieren.

➔ **Untervollmacht.** Die Vollmacht kann es Bevollmächtigten ausdrücklich erlauben, weitere Personen zu beauftragen. Die Bevollmächtigten dürfen dann Untervollmachten erteilen, um beispielsweise Aufgaben zu delegieren.

➔ **Widerruf.** Ein Widerruf ist möglich, solange Vollmachtgeber geschäftsfähig sind. Bevollmächtigte sollten dann keinen Zugriff mehr auf das Originaldokument haben.
➔ **Dauer der Bevollmächtigung.** Ist nichts Genaues vermerkt, bleibt die Vollmacht bis zum Tod gültig. Sinnvoller ist es, wenn sie über den Tod hinaus Bestand hat. Dann können auch danach noch Kosten beglichen und unnötig gewordene Verträge gekündigt werden. Anderenfalls können erst die Erben mit offiziellem Erbschein wieder handeln.

Ausführliche Informationen zu Vorsorgevollmacht, Patienten- und Betreuungsverfügung bietet **Das Vorsorge-Set**. Sie können es online unter test.de/vorsorgebuch oder im örtlichen Buchhandel kaufen. Das Set enthält auch die wichtigsten Formulare mit Schritt-für-Schritt-Anleitungen zum Ausfüllen.

Patientenverfügung

Ja oder nein? Die Entscheidung trifft jede und jeder für sich. Etwas Schriftliches ist für Ärzte und Angehörige sinnvoll.

Die Patientenverfügung soll sicherstellen, dass der eigene Wille und die Vorstellung vom Lebensende zählen, wenn es dauerhaft nicht mehr möglich ist, sich mitzuteilen und medizinische Entscheidungen für sich zu treffen. Solange ein Mensch bei Bewusstsein ist und sich mitteilen kann, spielt die Patientenverfügung keine Rolle.

So präzise wie möglich

Anhand des schriftlich festgelegten Willens in der Patientenverfügung entscheiden Ärzte und Ärztinnen unter Umständen über Leben oder Tod, etwa darüber, ob sie eine Behandlung abbrechen oder eine medizinische Maßnahme unterlassen. Deshalb muss aus der Patientenverfügung zweifelsfrei hervorgehen, ob die Patientin oder der Patient in der vorliegenden Situation etwa wünscht, wiederbelebt, künstlich beatmet und künstlich ernährt zu werden oder nicht.

Unpräzise Formulierungen wie „Ich will nicht an Schläuchen hängen" oder „Ich möchte in Würde sterben" helfen niemandem für eine eindeutige Entscheidung. Der Satz „Ich wünsche keine lebensverlängernden Maßnahmen" ist auch zu unbestimmt. Das hat der Bundesgerichtshof (BGH) in einem Urteil klargestellt (Az. XII ZB 61/16).

Den Richtern lag der Fall einer 75-Jährigen vor. Ihre Töchter stritten darüber, ob ihre Mutter weiter künstlich ernährt werden sollte. Sie lag seit mehr als vier Jahren im Koma. Nach einem Hirnschlag und epileptischen Anfällen hatte sie ihr Bewusstsein verloren. Obwohl keine Aussicht darauf bestand, dass sie es wiedererlangt, wurde sie über eine Magensonde künstlich ernährt.

UNSER RAT

Selbst bestimmen

➔ **Patientenverfügung.** Mit einer Patientenverfügung sorgen Sie für den Fall vor, dass Sie dauerhaft selbst keine Entscheidungen mehr treffen können. Sie legen fest, für welche Situation Sie in bestimmte Behandlungen einwilligen und welche Maßnahmen Sie ablehnen. Je konkreter die Verfügung ist, umso einfacher haben es später Behandler, Bevollmächtigte und Betreuer.

➔ **Verbindlich.** Eine Patientenverfügung ist bindend. Ärzte, Ärztinnen und Pflegekräfte müssen sich an Ihren Willen halten. Sie muss schriftlich verfasst und unterschrieben sein.

➔ **Bedeutung im Notfall.** Der festgelegte Wille in der Patientenverfügung kann zur Folge haben, dass ein Arzt lebensverlängernde Maßnahmen unterlassen muss, selbst wenn er sie für medizinisch sinnvoll hält. Eine Verfügung ist die Option, um in solch einem Fall das Selbstbestimmungsrecht zu wahren. Wichtig ist, dass es einen Menschen gibt, der im Ernstfall die Verfügung durchsetzt. Die Wahl einer solchen Vertretung für die Gesundheitsfürsorge – in einer Vorsorgevollmacht oder Betreuungsverfügung – sollte deshalb gut überlegt sein.

Die Mutter hatte in gesunden Tagen eine Patientenverfügung erstellt. Darin wünschte sie sich, dass „lebensverlängernde Maßnahmen" unterbleiben. Diese Formulierung reiche nicht aus, um die Sondenernährung einzustellen, entschieden die Richter. Sie hätte sich für die Behandlungssituation „Gehirnschädigung" zur Maßnahme „künstliche Ernährung" äußern müssen.

Musterformulare helfen

Laien ohne medizinische Fachkenntnisse fühlen sich schnell überfordert, wenn sie eine Patientenverfügung erstellen wollen. Es gibt sehr gute Musterformulare, die den Anforderungen des BGH entsprechen. Auch die Stiftung Warentest bietet solche Formulare an. Sie finden die „Patientenverfügung" im Formularteil ab S. 101. Außerdem können Patienten zum Beispiel ihre Hausärztin oder ihren Hausarzt ansprechen und um Unterstützung bitten. Die Krankenkasse erstattet allerdings keine Beratungskosten. Manche Ärzte rechnen eine solche Leistung privat ab. Eine Erstberatung kostet rund 61 Euro. Weitere Beratungen und Mithilfe bei der Erstellung kosten extra.

Sind Patienten bereits schwer erkrankt, ist es sinnvoll, den Krankheitsverlauf mit den Behandlern zu besprechen. So können konkrete Behandlungswünsche für die eigene Situation in einer speziellen Patientenverfügung festgelegt werden.

Wichtig: Es ist sinnvoll, eine Patientenverfügung regelmäßig zu aktualisieren. Was vor zehn Jahren medizinischer Standard war, muss heute nicht mehr gelten. Soll alles gleich bleiben, unterschreiben Sie die Verfügung regelmäßig erneut mit Datum.

Für Ärzte rechtlich bindend

Kann ein Mensch sich dauerhaft nicht mehr äußern, muss die bevollmächtigte oder eine rechtliche Betreuungsperson dessen Willen vertreten und dem medizinischen Personal übermitteln. Liegt eine Patientenverfügung vor, ist sie für Ärztinnen und Ärzte rechtlich bindend. Sind sich Behandler und Bevollmächtigte uneinig, was genau gemeint ist, kann in manchen Kliniken ein Ethikkonsil eingeschaltet werden, um den mutmaßlichen Willen zu ermitteln. Nützt auch das nichts, kann ein Fall vor Gericht landen. Damit die eigenen Wünsche wirklich berücksichtigt werden, sind konkrete Formulierungen deshalb sehr wichtig.

Gesetzliche Betreuung

Rechtliche Betreuungspersonen springen ein, wenn jemand sein Leben nicht mehr regeln kann und keine Vollmacht hat.

Derzeit regelt Christiane Sens für gut 30 Menschen alles Bürokratische. Sie stellt Anträge, kündigt Handyverträge, organisiert Pflegeleistungen, löst Wohnungen auf, kontrolliert Kontoauszüge und spricht mit Ärzten, Vermieterinnen oder Sozialstationen. Die Berlinerin ist Berufsbetreuerin. Sie hat eine Ausbildung als Rechtsanwalts- und Notargehilfin absolviert, danach Soziale Arbeit studiert und übernimmt nun gesetzliche Betreuungen. Die Betreuten können sich um bestimmte Aspekte ihres Lebens nicht allein kümmern, weil sie etwa eine psychische Erkrankung, eine geistige Behinderung, eine Sucht oder eine fortschreitende Krankheit wie Demenz haben. Einige von ihnen sind jung und machen gerade eine schwierige Phase durch, für andere ist Christiane Sens bereits seit vielen Jahren tätig und wird es wohl bis zu deren Lebensende sein.

Die Betreuerin regelt die Lebensbereiche, in denen die Betroffenen jeweils Hilfe brauchen. Das kann ganz unterschiedlich sein. Und nicht immer läuft alles glatt. „Bestimmte Verhaltensweisen der Betreuten kann ich leider nicht ändern", sagt sie. Einige schließen leichtfertig Verträge ab, andere geben ihr Geld lange vor Monatsende aus. In diesen Fällen versucht sie, Verträge zu widerrufen, und ist mitunter gezwungen, die Finanzen der Betreuten zu kontrollieren, damit sie nicht in einen Schuldenstrudel geraten.

Rund 40 Prozent der Betreuungen in Deutschland leisten Profis wie Christiane Sens. Zu 60 Prozent übernehmen Ehrenamtliche die Aufgaben. Oft sind das Verwandte, Freunde oder andere nahestehende Personen. Mitunter regeln auch Freiwillige aus Betreuungsvereinen die Aspekte, um die Betroffene sich nicht kümmern können.

Verfahren beginnt auf Antrag

Ob es zu einer rechtlichen Betreuung kommt, wird von mehreren Akteuren festgelegt. Dazu gehören Betreuungsbehörden, Betreuungsgerichte und Gesundheitsämter.

Die Einrichtung einer Betreuung muss schriftlich beim Betreuungsgericht angeregt werden – von den Betroffenen selbst oder ihren Angehörigen. Häufig erhält das Gericht auch Hinweise von Außenstehenden, etwa von Krankenhäusern oder einer Vermieterin, der auffällt, dass ein Mieter zunehmend schusselig wird. Auch eine anonyme Anregung ist möglich.

Nachdem das Betreuungsgericht einen Hinweis erhalten hat, muss es diesen überprüfen. Dafür informiert es die Person, für die eine Betreuung angeregt wurde, und die zuständige Betreuungsbehörde. „Wir prüfen zunächst, ob Vorsorgevollmacht, Patientenverfügung oder Betreuungsverfügung vorliegen, diese auch nicht widerrufen wurden und ob die bevollmächtigte Person ihr Amt ausüben kann und möchte", sagt Michael Hayn. Er ist Leiter der Betreuungsbehörde Steglitz-Zehlendorf in Berlin.

Wann wird eine Betreuung eingerichtet?

Durch Verfügungen in gesunden Zeiten kann bestimmt werden, wer im Notfall handeln und entscheiden soll. Die bereits genannte Option ist die Vorsorgevollmacht. Sie hat den Vorteil, dass sie sofort gültig ist und die bevollmächtigte Person im Bedarfsfall direkt tätig werden kann. So kommt es nicht zur gerichtlich angeordneten Betreuung.

UNSER RAT

Vertreter bestimmen

→ **Vertretung.** Wenn Sie Ihre Angelegenheiten nicht mehr selbst regeln können, brauchen Sie einen rechtlichen Vertreter oder eine Vertreterin. Ehepartner sind nicht automatisch vertretungsbefugt. Seit 2023 gibt es für Verheiratete zwar ein Notvertretungsrecht, aber dieses ist auf sechs Monate beschränkt und gilt nur für bestimmte, akute Gesundheitsangelegenheiten und beispielsweise nicht für Finanzfragen.

→ **Vorsorgevollmacht.** Klären Sie am besten über eine Vorsorgevollmacht (siehe „Vorsorgevollmacht", S. 17) oder Betreuungsverfügung, wer für Sie – wenn nötig – entscheiden soll.

Wer keine Vorsorgevollmacht hat, kann in einer Betreuungsverfügung vorschlagen, wer vom Gericht als Betreuungsperson eingesetzt werden soll, falls er selbst wegen Krankheit, Behinderung, den Folgen eines Unfalls oder anderer Umstände nicht mehr in der Lage sein sollte, sich um die eigenen Angelegenheiten zu kümmern.

Nachdem die Betreuungsbehörde geprüft hat, ob Verfügungen vorliegen, gibt es diese Informationen ans Gericht weiter. Selbstverständlich werden auch die Personen informiert, für die gegebenenfalls eine Betreuung eingerichtet werden soll.

Daraufhin beauftragt das Gericht dann Sachverständige, die je ein Gutachten zur Gesundheit und Lebenssituation der Betroffenen erstellen, um herauszufinden, ob eine rechtliche Betreuung nötig ist. Neurologen oder Psychiaterinnen schreiben das medizinische Gutachten. Es erklärt, wie stark eine Erkrankung oder Behinderung den Alltag der Betroffenen beeinflussen und wie lange sie voraussichtlich Unterstützung brauchen werden. Ein Betreuungsverein, die Betreuungsbehörde oder -stelle schreibt ein soziales Gutachten. Dieses geht auf die Lebensumstände der Betroffenen ein und hält fest, wer zum Beispiel aus dem familiären Umfeld die Betreuung übernehmen kann und will.

Ehrenamt geht vor

Gibt es keine Vorsorgedokumente oder hält das Gericht die in der Betreuungsverfügung vorgeschlagene Person für ungeeignet, sucht die Behörde nach einer geeigneten Betreuungsperson – zuerst im Kreis der Angehörigen, dann unter Nachbarn, Freunden und anderen engagierten Menschen aus dem Umfeld, erst in einem weiteren Schritt nach Profis. Dabei nehmen sie Rücksicht auf verwandtschaftliche und sonstige persönliche Bindungen der Betroffenen.

Gericht macht sich ein Bild

Vor einer Entscheidung findet eine richterliche Anhörung statt – entweder im Gericht oder im Zuhause der betroffenen Person. Auch ein Besuch im Krankenhaus oder Pflegeheim ist möglich. Wer die Betreuung erhalten soll, darf den Ort wählen. Richter oder Richterin muss die betroffene Person – sofern sie sprechfähig ist – unbedingt nach ihren Wünschen fragen. Angehörige können ebenfalls befragt werden.

Nach diesem Termin legt das Gericht fest, ob und in welchen Bereichen jemand Betreuung braucht. Ausschließlich in diesen festgelegten Lebensbereichen darf eine rechtliche Betreuungsperson zukünftig den betreuten Menschen vertreten. Das Gericht informiert Betroffene, Betreuer und die Betreuungsbehörde über seine Entscheidung. Die Betreuungsperson erhält einen Ausweis, in dem die übertragenen Aufgaben festgelegt sind. Diesen kann sie etwa bei der Bank oder im Krankenhaus vorlegen, wenn sie für die betreute Person handeln. Bei schwerwiegenden Entscheidungen, etwa bei der Kündigung eines Mietvertrags, muss das Betreuungsgericht mitentscheiden.

Sobald eine Betreuung nicht mehr erforderlich ist, wird sie aufgehoben. Spätestens nach sieben Jahren muss das Gericht die Voraussetzungen für die Betreuung erneut überprüfen. Juristisch endet jede Betreuung mit dem Tod der betreuten Person.

Gut zu wissen: Nur weil jemand einen gesetzlichen Vertreter hat, heißt das nicht, dass sie oder er geschäftsunfähig ist. Betreute dürfen weiterhin Verträge schließen. Nur wenn sie die Auswirkungen nicht mehr erkennen können, kann eine Geschäftsunfähigkeit ärztlich festgelegt werden.

Verantwortung übernehmen

Wer sich etwa als Angehöriger oder Freundin zu einer ehrenamtlichen Betreuung entschließt, übernimmt langfristig Verantwortung. Unterstützung bieten die Betreuungsbehörde, Rechtspflegerinnen des Gerichts und lokale Betreuungsvereine.

Betreuungspersonen müssen dem Gericht einmal im Jahr Auskunft geben, wie die Betreuung läuft. Dazu gehört zum Beispiel auch, Kontoauszüge, Belege und Übersichten über das verwaltete Vermögen vorzulegen. Wenn nahe Angehörige wie Kinder oder Ehepartner betreuen, sind sie von der Rechnungslegung meist befreit.

Es ist möglich, eine Betreuung auf mehrere Schultern zu verteilen. „Wenn in einer Familie die Tochter bei einer Bank arbeitet, könnte sie die Vermögensangelegenheiten regeln. Der Bruder, der Krankenpfleger ist, könnte für die Gesundheitsfragen verantwortlich sein", sagt Hayn. Auch können Berufsbetreuer einen Teil der Betreuung übernehmen und Angehörige den anderen.

Die Kosten für Betreute

Die Kosten einer Betreuung und eines Betreuungsverfahrens müssen Betreute grundsätzlich selbst tragen. Das gilt aber nur, wenn er oder sie finanziell dazu auch in der Lage ist und nicht nach den Grundsätzen des Sozialhilferechts als mittellos gilt.

Ehrenamtliche erhalten eine Aufwandsentschädigung von 425 Euro pro Jahr. Ab 1.1.2026 sind es 450 Euro. Den Antrag dafür müssen sie bis zum 30. Juni des Folgejahres gestellt haben. Alternativ können sie auch individuell höhere Ausgaben nachweisen.

Berufsbetreuer werden nach Pauschalen bezahlt. Einfluss darauf haben die Qualifikation der Betreuer, die Dauer der Betreuung sowie der Vermögensstatus und die Wohnform der betreuten Person. Die Kosten betragen zwischen 98 und 427 Euro im Monat.

Was Betreuer regeln

→ **Gesundheitssorge.** Die Betreuungsperson vertritt gegenüber Ärztinnen und Ärzten, willigt in Untersuchungen, medizinische Behandlungen, Impfungen und ärztliche Eingriffe ein. Wenn es eine Patientenverfügung gibt, muss sie sich daran halten.

→ **Vermögenssorge.** Dazu gehören etwa das Beantragen von Sozialleistungen oder Rente, die Vermögensverwaltung, Vertragsabschlüsse und die Kontoführung.

→ **Aufenthaltsbestimmung.** Wenn Betreute sich oder andere gefährden, können Betreuungspersonen etwa entscheiden, ob Betroffene weiter zu Hause leben können oder ob ein Pflegeheim die bessere Wahl wäre. Wünsche der Betreuten müssen so gut wie möglich berücksichtigt werden.

Pflege finanzieren

Einen wichtigen Beitrag zur Finanzierung der Pflege leistet meist die Pflegeversicherung. Um Geld von ihr zu bekommen, benötigen Pflegebedürftige einen Pflegegrad. Dieser wird bei einem Gutachterbesuch festgelegt, auf den Sie sich gut vorbereiten sollten.

Reichen Einkommen und Vermögen gemeinsam mit den Leistungen der Pflegeversicherung nicht, um alle Kosten zu decken, können Sie staatliche Hilfen in Anspruch nehmen.

Der Weg zum Pflegegrad

Pflege kostet Geld. Die Pflegeversicherung zahlt auf Antrag. Vorher wird gutachterlich geklärt, ob Bedarf besteht. Wichtig ist, sich auf die Begutachtung gut vorzubereiten.

Sobald deutlich wird, dass Angehörige bald regelmäßig Hilfe in ihrem Alltag brauchen werden, sollten Pflegeleistungen bei der Pflegeversicherung beantragt werden. Dann gibt es finanzielle Unterstützung und auch kostenfreie Beratung und Unterstützung für pflegende Angehörige. Die Einstufung in einen von fünf Pflegegraden richtet sich danach, wie selbstständig jemand noch sein Leben führen kann. Je höher der Pflegegrad ist, desto mehr Geld gibt es (siehe Tabellen auf S. 34 bis 36).

1 Der Antrag: Aller Anfang ist leicht. Ein Anruf oder eine E-Mail reicht.

Pflegebedürftige müssen den Antrag auf Pflegeleistungen bei ihrer Pflegeversicherung stellen. Sie ist bei der gesetzlichen Krankenkasse angesiedelt. Ist die pflegebedürftige Person beispielsweise bei der Barmer versichert, genügt es, den Antrag an die Barmer zu schicken mit der Bitte, ihn an die Pflegekasse weiterzuleiten. Privat Versicherte müssen sich an ihre private Pflegepflichtversicherung wenden (siehe „Privat pflegeversichert", S. 32).

Angehörige, Bekannte oder Nachbarn können die Leistungen für Versicherte nur dann beantragen, wenn sie bevollmächtigt sind. In der Vollmacht müssen die Versicherten die Person namentlich nennen und erklären, in welchen Angelegenheiten sie Vertretungsbefugnis hat. Liegt eine Vorsorgevollmacht vor, ist der oder die Genannte die Ansprechperson für die Pflegeversicherung. Eine Kopie der Vollmacht muss dem Antrag beigelegt werden.

Für den Antrag reicht zunächst sogar ein Anruf bei der Kasse; die Bevollmächtigung kann später nachgereicht werden. Wichtig ist es, sich den Namen des Gesprächspartners und den Zeitpunkt des Telefonats zu notieren. Ebenfalls rasch und außerdem besser zu belegen ist ein Antrag per E-Mail oder Fax. So haben Antragsteller und Angehörige einen Datumsnachweis für ihren Antrag. Das Datum ist wichtig, weil die Versicherung rückwirkend ab dem Monat der Antragstellung zahlt.

Für den Antrag genügen erst einmal der Name, die Anschrift und ein Satz: „Hiermit beantrage ich ab dem heutigen Tag Leistungen aus der Pflegeversicherung und bitte um kurzfristige Begutachtung." Einen Musterbrief finden Sie im Formularteil ab S. 101.

2 Die Beratung: Pflegebedürftige und Angehörige haben Anspruch.

Sobald der Antrag eingegangen ist, muss die Pflegekasse der versicherten Person einen Beratungstermin anbieten oder einen Gutschein für eine unabhängige Beratungsstelle schicken. Der Termin muss innerhalb von zwei Wochen liegen. Üblicherweise findet er in der Beratungsstelle statt. Bei Bedarf ist aber auch eine Beratung bei Pflegebedürftigen oder Angehörigen zu Hause, im Krankenhaus, in der Reha-Einrichtung oder im Pflegeheim möglich. Manche Beratungsstellen bieten auch Onlinegespräche an.

3 Das Formular: Den Entlastungsbetrag gleich mit beantragen.

Die Pflegekasse schickt zudem ein Formular per Post an die Pflegebedürftigen, das ausgefüllt und unterschrieben werden muss. Das Formular ist oft direkt auf den Internetseiten der Pflegekassen abrufbar. Möchten

Versicherte sich nicht darum kümmern, kann ihre bevollmächtigte Vertrauensperson es ausfüllen und unterschreiben.

Neben persönlichen Daten wird in dem Formular erfragt, welche Ursachen die Pflegebedürftigkeit hat und welche Leistungen Antragsteller erhalten wollen. Das lässt sich später auch noch unkompliziert ändern. Ist noch nicht klar, wie die Pflege organisiert werden kann, sollten Sie die Angaben so machen, wie es der aktuellen Planung entspricht. Details können Sie nachreichen und Leistungen bei Bedarf ändern oder aufstocken. Sie sollten den Entlastungsbetrag (siehe „Geld für die Pflege", S. 33) gleich mitbeantragen. Dafür reicht ein formloser Hinweis auf dem Formular.

Auch nach Pflegepersonen wird gefragt. Angehörige, die die Pflege übernehmen möchten, sollten den „Fragebogen zur Zahlung der Beiträge zur sozialen Sicherung für nicht erwerbsmäßig tätige Pflegepersonen" ausfüllen und mitschicken. So können sie Rentenpunkte sammeln (siehe „Rente für Pflegende", S. 41). Darüber hinaus haben gemeldete Pflegende Anspruch auf Arbeitslosen- und Unfallversicherungsschutz.

UNSER RAT

So gehen Sie vor

→ **Leistungen.** Beantragen Sie Leistungen der Pflegeversicherung bei der Krankenkasse oder privaten Pflegeversicherung, sobald Sie merken, dass auf Dauer Hilfe nötig sein wird.

→ **Antrag.** Stellen Sie den Antrag am besten per E-Mail oder Fax. Datieren Sie ihn, da die Pflegeversicherung bei Bewilligung rückwirkend zahlt. Die Kasse schickt Ihnen daraufhin ein Formular, das Sie ausfüllen müssen.

→ **Beratung.** Nutzen Sie die Beratung, die die Pflegeversicherung anbietet, beziehungsweise den Gutschein für eine unabhängige Beratungsstelle. Die Mitarbeitenden kennen wertvolle Tipps.

→ **Begutachtung.** Die Versicherung schickt eine geschulte Fachkraft, die den Pflegebedarf Ihres Angehörigen prüft. Bevor sie kommt, überlegen Sie gemeinsam, was noch gut klappt und was nicht. Halten Sie Belege bereit, etwa Arztberichte.

→ **Bearbeitung.** Zwischen Antragstellung und Bescheid dürfen in der Regel nur 25 Arbeitstage vergehen. In dringenden Fällen muss es schneller gehen. Lehnt die Kasse Ihren Antrag ab, legen Sie Widerspruch ein. Dafür gibt es Hilfe.

4 Die Voraussetzungen: Die Kasse prüft zwei formale Kriterien.

Ist das ausgefüllte Formular bei der Pflegekasse eingegangen, prüft sie in der Regel innerhalb weniger Tage, ob Antragsteller überhaupt versicherungstechnisch die Voraussetzungen für Pflegeleistungen erfüllen. Das ist so gut wie immer der Fall, nämlich wenn sie in den vergangenen zehn Jahren mindestens zwei Jahre in die Pflegeversicherung eingezahlt haben oder familienversichert waren.

Bei pflegebedürftigen Kindern, die in der Regel über ihre Familie mitversichert sind, genügt es, wenn ein Elternteil die Vorversicherungszeit erfüllt.

Darüber hinaus müssen Betroffene voraussichtlich für mindestens sechs Monate auf Hilfe durch andere Personen angewiesen sein. Das ist die offizielle Definition von „Pflegebedürftigkeit".

5 Die Begutachtung: 64 Prüfpunkte bestimmen den Pflegegrad.

Sind die Voraussetzungen erfüllt, sollte sich bald ein Gutachter oder eine Gutachterin des Medizinischen Dienstes (MD) melden. Bei privat Versicherten übernimmt dies eine Fachkraft der Firma Medicproof. Innerhalb von 25 Arbeitstagen ab Antrag muss die zuständige Versicherung eine Entscheidung treffen. In seltenen Fällen, etwa bei schwer kranken Patienten im Krankenhaus, muss

CHECKLISTE

Wie Sie den Gutachtertermin vorbereiten

➔ **Termin.** Haben Sie Pflegeleistungen beantragt, wird sich eine Fachkraft vom Medizinischen Dienst (MD) oder von der Firma Medicproof melden und einen Termin zur Begutachtung der pflegebedürftigen Person vereinbaren. Die Gutachter müssen Ihre Wünsche bei der Terminfindung berücksichtigen. Überlegen Sie, wie viel Zeit Sie zur Vorbereitung brauchen. Planen Sie auch am Tag der Begutachtung genug Zeit ein: In der Regel dauert der Termin eine Stunde. Planen Sie noch eine Stunde davor und danach ein.

➔ **Beratung.** Wenn möglich, lassen Sie sich vor dem Termin beraten. Pflegestützpunkte, Pflegedienste, Sozialstationen und freie Pflegeberater können den Pflegebedarf realistisch einschätzen und bei der Vorbereitung des Besuchs helfen. Sie können sich auch vorher schon die Fragen anschauen, die die Pflegefachkraft beim Besuch stellen wird. Sie finden diese in unserem „Pflegeprotokoll" im Formularteil ab S. 101.

➔ **Unterlagen.** Stellen Sie Kopien von allen Unterlagen zusammen, die Aufschluss über Erkrankungen und Pflegeaufwand geben können. Dazu gehören aktuelle Arztberichte, Befunde, Medikamentenplan, Entlassungsberichte aus Krankenhaus oder Reha-Einrichtung und die Pflegedokumentation, sofern schon ein ambulanter Pflegedienst tätig ist. Hilfreich ist außerdem eine Liste aller Ärzte, Therapeuten und Pflegepersonen.

➔ **Tagesablauf.** Gutachtern hilft es, wenn Sie den typischen Pflegealltag genau schildern können. Notieren Sie vor dem Besuch, was noch allein klappt, wo es Probleme gibt und welche Tätigkeiten nur noch mit Hilfe möglich sind. Schreiben Sie auch typische wöchentliche oder monatliche Unterstützungen auf, die Sie leisten. Ihre Aufzeichnungen können eine wichtige Grundlage für das Gespräch und die Einstufung sein.

➔ **Gespräch.** Bereiten Sie sich gemeinsam mit der pflegebedürftigen Person vor. Allen muss klar sein, dass die Fachkraft einen authentischen Eindruck der Lage gewinnen möchte. Sie sollten die Situation daher weder beschönigen noch dramatisieren. Manches ist Ihnen vielleicht unangenehm, aber Scham ist kein guter Ratgeber. Machen Sie sich bewusst, dass der Gutachter oder die Gutachterin niemanden verurteilt, sondern dabei hilft, Ansprüche durchzusetzen. Ebenfalls wichtig: Bleiben Sie auch als Angehörige realistisch und kehren Sie Hilfe, die Sie bereits leisten, nicht unter den Teppich.

die Versicherung schneller reagieren und fällt die Entscheidung teils nach Aktenlage.

Beim Begutachtungstermin sollen die Sachverständigen herausfinden, wobei die Antragsteller Hilfe brauchen. Ob und welche Erkrankung, Unfallfolgen oder Behinderung vorliegt, spielt keine Rolle. Entscheidend ist, wie stark die Selbstständigkeit im Alltag eingeschränkt ist. Um dies zu prüfen, kommen Gutachter meist zum Hausbesuch. Pflegebedürftige und Angehörige sollten sich auf den Termin vorbereiten.

Das Verfahren ist gesetzlich festgelegt. Die Gutachter orientieren sich an sechs sogenannten Modulen mit insgesamt 64 Prüfpunkten. Es geht zum Beispiel um Beweglichkeit, kommunikative Fähigkeiten und darum, wie gut sich jemand versorgen kann.

Die Sachverständigen befragen die Versicherten und machen bestimmte Übungen mit ihnen. Sie bitten sie beispielsweise, sich hinzusetzen, aufzustehen und Treppen zu steigen. Sie testen auch, wie gut die Antragsteller einem Gespräch folgen und was sie sich merken können.

Je schwerer eine Beeinträchtigung ist, desto mehr Punkte gibt es. Aus der Gesamtpunktzahl ergibt sich der Pflegegrad. In zwei Zusatz-Modulen werden weitere Fragen gestellt. Die Antworten sollen helfen, eine bessere Versorgung sicherzustellen.

Wer die Prüfkriterien genau nachlesen möchte, findet die Begutachtungsrichtlinien auf der Internetseite des MD (medizinischerdienst.de/versicherte/pflegebegutachtung).

Stellen die Gutachter fest, dass Pflegebedürftige zum Beispiel durch bestimmte Hilfsmittel besser zurechtkommen würden, sollten sie das ins Gutachten schreiben. Das gilt dann direkt als Antrag bei der Kasse.

Besonderheiten gibt es bei der Begutachtung von Kindern: Soll eine Pflegebedürftigkeit festgestellt werden, wird es mit einem gesunden Kind gleichen Alters verglichen. Die Begutachtung führen besonders geschulte Gutachter des MD, unabhängige Kinderpflegepersonen oder Kinderärzte aus.

6 Das Gutachten: Die Pflegekasse hat das letzte Wort.

Nach dem Termin erstellen die Sachverständigen ein Pflegegutachten und schlagen der Pflegekasse einen Pflegegrad vor. Nicht sie selbst, sondern die Pflegekasse entscheidet dann. Sie orientiert sich am Gutachten und legt den Pflegegrad fest oder lehnt eine Pflegebedürftigkeit ab. Zwischen Antragstellung und Einstufung dürfen maximal 25 Arbeitstage vergehen. In akuten Fällen, etwa wenn jemand im Krankenhaus liegt, verkürzt sich die Frist auf eine Woche. Für jede weitere angefangene Woche, die ohne Entscheidung verstreicht, muss die Pflegekasse 70 Euro an die Antragsteller zahlen.

7 Der Bescheid: Ist der Pflegegrad anerkannt, gibt es Geld.

Die Pflegekasse schickt den Bescheid über die Einstufung zusammen mit dem Gutachten an die Antragsteller oder an die Bevollmächtigten. Hat die Versicherung einen Pflegegrad anerkannt, gibt es rückwirkend vom Datum der Antragstellung an Leistungen aus der Pflegeversicherung. Erhöht sich der Pflegebedarf und reichen die Mittel aus dem bisherigen Pflegegrad nicht, können Pflegebedürftige bei der Versicherung einen Antrag auf Höherstufung stellen. Einen Musterbrief finden Sie im Formularteil ab S. 101. Aber es gibt keinen Bestandsschutz! In der Regel kommt es zu einer erneuten Begutachtung – nach den selben Kriterien wie bei der Erstbegutachtung.

8 Der Widerspruch: So schnell wie möglich auf den Weg bringen.

Legt die Pflegekasse keinen oder einen in Ihren Augen zu niedrigen Pflegegrad fest, können Antragsteller gegen den Bescheid schriftlich Widerspruch einlegen. Dieses Recht haben alle gesetzlich Versicherten. Sie haben einen Monat Zeit – ab dem Tag der Zustellung. Wurde das Schreiben beispielsweise am 21. September zugestellt, muss der Widerspruch bis zum 21. Oktober bei der Pflegekasse eingehen.

Sie müssen den Widerspruch begründen. Bei der Begründung sollten Sie sich auf das Pflegegutachten beziehen. Legen Sie dar, warum das Gutachten den tatsächlichen Hilfebedarf nicht richtig wiedergibt. Mögliche Einwände können zum Beispiel sein, dass der Gutachter oder die Gutachterin einzelne Hilfeleistungen nicht ausreichend berücksichtigt hat, nicht auf Erklärungen der pflegebedürftigen Person oder Angehöriger eingegangen ist oder sich insgesamt zu wenig Zeit genommen hat, um einen realistischen Eindruck zu bekommen.

Bei der Formulierung des Widerspruchs können behandelnde Ärzte oder Ärztinnen oder eine unabhängige Beratungsperson helfen. Manchmal unterstützt auch eine Pflegekraft, sofern schon ein Pflegedienst kommt. Auch einige Verbraucherzentralen, Sozialverbände wie SovD oder vdk, manche Gewerkschaften oder kundige Patientenbegleiter helfen auf Nachfrage, einen Widerspruch zu formulieren.

Damit die Widerspruchsfrist in jedem Fall eingehalten wird, bietet es sich an, zunächst nur formal Widerspruch einzulegen und die Begründung nachzureichen. Dabei hilft unser Musterbrief im Formularteil ab S. 101.

9 Die Klage: Innerhalb eines Monats vor Gericht gehen.

Hat der Widerspruch keinen Erfolg, auch nicht nach einem von der Pflegekasse möglicherweise beauftragten Zweitgutachten, können Versicherte zu einem späteren Zeitpunkt einen neuen Antrag stellen.

Alternativ können sie Klage beim Sozialgericht einreichen. Die Frist hierfür beträgt einen Monat nach dem Erhalt des Widerspruchsbescheids. Das Verfahren selbst ist kostenfrei. Die Kläger müssen allerdings einen von ihnen gegebenenfalls beauftragten Anwalt oder eine Anwältin zunächst bezahlen. Verliert die Versicherung den Prozess, muss sie die Kosten erstatten.

Privat pflegeversichert – So stellen privat Versicherte den Antrag auf Pflegeleistungen

Grundsätzlich gilt: Die Pflegeversicherung folgt der Krankenversicherung. Wer privat krankenversichert ist, hat daher auch seine Pflegepflichtversicherung bei seiner privaten Krankenversicherung. Das Antragsverfahren läuft ähnlich ab wie bei der gesetzlichen Pflegeversicherung.

Formular. Antragsformulare finden privat Versicherte meist auf den Internetseiten ihres privaten Krankenversicherers. Diese müssen sie ausfüllen, unterschreiben und an den Versicherer schicken. Das können auch Bevollmächtigte oder rechtliche Betreuungspersonen übernehmen.

Beratung. Privat Versicherte können sich beraten lassen – auch in ihren eigenen vier Wänden. Ansprechpartner ist für sie die Compass Private Pflegeberatung, telefonisch erreichbar unter 0800/1018800. Wie bei gesetzlich Versicherten muss die Beratung kostenlos und unabhängig sein.

Gutachten. Die privaten Krankenversicherungen haben einen eigenen medizinischen Dienst: die Firma Medicproof. Ihre Arbeit ist aber sehr ähnlich zu der des MD. Nachdem der Antrag auf Pflegeleistungen beim Versicherer eingegangen ist, meldet sich eine Fachkraft von Medicproof und vereinbart einen Termin zur Begutachtung. Diese ist identisch mit der Begutachtung gesetzlich Versicherter. Auf Medicproof.de finden Sie viele Informationen zum Ablauf der Begutachtung und zu den Prüfkriterien.

Entscheidung. Die Versicherung entscheidet über die Einstufung in einen Pflegegrad und schickt die schriftliche Mitteilung an den Antragsteller. Anders als gesetzlich Versicherte können privat Versicherte allerdings nicht das Widerspruchsverfahren nutzen, falls sie mit der Entscheidung nicht einverstanden sind. Stattdessen müssen sie sich mit Ihren Einwänden entweder an den Versicherer wenden oder direkt klagen. Die Frist dafür beträgt sechs Monate ab Zustellung des Bescheids.

Geld für die Pflege

Wer einen Pflegegrad hat, dem hilft die Pflegeversicherung. Auch für Pflegende hält sie Leistungen bereit.

Die gesetzliche Pflegekasse beteiligt sich an den Kosten für die Pflege, sobald jemand, der Hilfe braucht, einen Pflegegrad anerkannt bekommen hat. Gleiches gilt für die private Pflegeversicherung.

Unterschieden werden die Pflegegrade 1 bis 5. Von dieser Einstufung hängt ab, welche Leistungen eine pflegebedürftige Person erhält. In Pflegegrad 1 gibt es Basisleistungen. Die höchste Unterstützung gibt es mit Pflegegrad 5. Mit gut 40 Prozent am häufigsten vergeben wird Pflegegrad 2.

In der Regel decken die Leistungen nur einen Teil der Pflegekosten ab. Die Lücke müssen Pflegebedürftige neben ihren sonstigen Lebenshaltungskosten wie Miete oder Ausgaben für Lebensmittel und Kleidung mit eigenen Mitteln schließen. Das gilt für die Pflege zu Hause genauso wie die Versorgung im Pflegeheim. Können sie die Kosten nicht allein bewältigen, ist es auf Antrag möglich, Geld vom Staat zu bekommen (siehe „Hilfe vom Staat", S. 47).

Pflegegrad 1: Nur Basisleistungen

Der Pflegegrad 1 wird jenen zugesprochen, die noch in der Lage sind, sich relativ gut selbst zu versorgen. Betroffene brauchen zwar regelmäßig, aber insgesamt nur wenig Hilfe, etwa weil sie sich nur eingeschränkt bewegen können und zum Beispiel Hilfe beim Einkaufen oder Putzen oder eine Alltagsbegleitung brauchen. In diesen Fällen können sie den Entlastungsbetrag von bis zu 131 Euro pro Monat nutzen. Er wird aber nicht ausgezahlt, sondern die Pflegekasse erstattet tatsächlich angefallene Kosten.

Mit dem Entlastungsbetrag lassen sich zum einen konkrete Hilfen im Haushalt bezahlen. Zum anderen können Pflegebedürftige den Betrag für Betreuungsangebote einsetzen, etwa für Tages- oder Nachtpflege, Kurzzeitpflege oder für Besuche von ehrenamtlichen Helfern bei ihnen zu Hause.

Grundsätzlich akzeptiert die Versicherung aber nur Rechnungen von Diensten, die vom jeweiligen Bundesland anerkannt sind. Je nach Region gelten unterschiedliche Regeln. Übersichten der jeweils anerkannten Angebote mit Leistungen und Preisen müssen die Pflegekassen ihren Versicherten zur Verfügung stellen. Registrieren Dienste sich bei der Pflegekasse, dürfen sie ihre Arbeit dort direkt abrechnen und Pflegebedürftige haben damit keinen Aufwand. Nur privat Versicherte müssen immer in Vorleistung treten und dann die Rechnung einreichen.

Praktisch ist: Wenn Pflegebedürftige den Entlastungsbetrag nicht aufbrauchen, wird er automatisch angespart. Den Sammelbetrag können sie dann beispielsweise nutzen, wenn sie für mehrere Wochen in Kurzzeitpflege gehen und einen Teil der Kosten selbst bezahlen müssen. Oder sie verwenden ihn, wenn eine schubweise auftretende Erkrankung wie Arthrose nur gelegentlich, dann aber viel Hilfe nötig macht. Die gesammelten Beträge eines Jahres müssen bis spätestens Ende Juni des darauf folgenden Jahres verbraucht werden.

Menschen, die mit Pflegegrad 1 im Pflegeheim leben, können die 131 Euro auch als Zuschuss für die Heimkosten nutzen. In höheren Pflegegraden geht das nicht.

Weitere Basisleistungen für alle sind ein Betrag für Hilfsmittel, ein Bonus für Pflege-WGs und einige jährliche Extras.

So viel zahlt die Pflegekasse für ambulante Pflege im Monat

Pflegegrad	1	2	3	4	5
Alltagshilfen (Entlastungsbetrag)	131	131	131	131	131
Pflege durch Angehörige (Pflegegeld)	0	347	599	800	990
Professionelle Pflege zu Hause (Sachleistung)	*	796	1497	1859	2299
Pflegehilfsmittel zum Verbrauch	42	42	42	42	42
Tages- und Nachtpflege	*	721	1357	1685	2085
Bonus-Leistung für Pflege-WGs	224	224	224	224	224

* Anspruch nur über Entlastungsbetrag; alle Beträge in Euro

Pflegegrad 2 bis 5: Mehr Zuschüsse

In den Pflegegraden 2 bis 5 stehen sämtliche Leistungen zur Verfügung (siehe Tabellen). Lediglich die Höhe ändert sich. Wer zu Hause lebt, kann als Hauptleistung zwischen Pflegegeld und Pflegesachleistung wählen oder beides kombinieren. Dafür gelten besondere Regeln. Den Entlastungsbetrag und den Betrag für Hilfsmittel zum Verbrauch gibt es zusätzlich. Außerdem ist die Kombi mit weiteren ambulanten Hilfen – teils monatlich, teils jährlich – möglich.

Das Pflegegeld gibt es, wenn sich eine Person von Laien pflegen lässt, etwa von nahen Angehörigen oder einer Nachbarin. Das Geld wird an die Pflegebedürftigen überwiesen. Sie können es als Aufwandsentschädigung an die pflegende Person weitergeben, müssen das aber nicht tun.

Versicherte, die einen Pflegedienst in Anspruch nehmen, erhalten die sogenannte Pflegesachleistung. Zunächst vereinbaren sie mit dem Pflegedienst bestimmte Tätigkeiten, beispielsweise Hilfe bei der Körperpflege, beim An- und Ausziehen oder Essen und Trinken (siehe „Was Pflegedienste leisten“, S. 76). Der Pflegedienst rechnet diese direkt mit der Pflegekasse ab. Da hier Profis pflegen, sind die Beträge für die Pflegesachleistung höher als das Pflegegeld. In Pflegegrad 2 gibt es zum Beispiel 347 Euro Pflegegeld im Monat, als Sachleistung 796 Euro.

Kombinationen sind durchaus möglich...

Pflegegeld und Sachleistung lassen sich auch kombinieren: Wenn Sie nur einen Teil der Pflegesachleistung für einen Pflegedienst nutzen, können Sie sich zusätzlich einen Teil des Pflegegelds auszahlen lassen. **Beispiel:** Irene Böhm stehen in Pflegegrad 3 1 497 Euro Sachleistung oder 599 Euro Pflegegeld zu. Böhm benötigt 898 Euro Sachleistung für den Pflegedienst, also 60 Prozent von 1 497 Euro. Daher kann sie sich noch 40 Prozent (von 599 Euro) als Pflegegeld auszahlen lassen. Diese 240 Euro zahlt sie ihrer Tochter Katrin aus, die ihr viel hilft.

... und lohnen sich

Zusätzlich können weitere Leistungen genutzt werden. Je nach Pflegegrad gibt es monatlich zwischen 721 und 2 085 Euro für die Tages- und Nachtpflege. Das bedeutet: Pflegebedürftige verbringen einige Stunden tagsüber oder nachts in einer stationären Einrichtung. Sie können dort Sportkurse und Betreuung nutzen und zusammen essen. Angehörige werden entlastet.

Zusätzliche Leistungen der Pflegekasse

Das leistet die Pflegekasse zusätzlich für ambulante Pflege pro Jahr (Euro).

Pflegegrad	1	2	3	4	5
Entlastungsbudget (für Verhinderungs- und Kurzzeitpflege)	–	3539	3539	3539	3539
Verbesserung des Wohnumfelds	4180	4180	4180	4180	4180
WG-Gründung	2613	2613	2613	2613	2613

Die Tages- und Nachtpflege wird weder auf die Pflegesachleistung noch auf das Pflegegeld angerechnet. Der Zuschuss gilt allerdings nur für die Pflege. Die Kosten für Unterkunft und Verpflegung in der Einrichtung müssen Versicherte selbst bezahlen.
Beispiel: Klaus Zeidler hat Pflegegrad 3. Ein Pflegedienst kommt täglich. Dafür stellt die Pflegekasse 1497 Euro Sachleistung im Monat zur Verfügung. Weil er nachts unruhig ist und in der gemeinsamen Wohnung herumläuft, kann sein erwachsener Sohn Simon kaum noch schlafen. Klaus ist einverstanden, drei Nächte in der Woche in einer Einrichtung für Nachtpflege zu verbringen. Dafür erhält er von der Pflegekasse bis zu 1357 Euro extra pro Monat. Kombinieren die Zeidlers also Pflegesachleistung und Nachtpflege, können sie insgesamt jeden Monat Leistungen in Höhe von 2854 Euro beanspruchen. Bis zu 131 Euro monatlich als Entlastungsbetrag gibt es zusätzlich.

Versorgung im Pflegeheim

So viel zahlt die Pflegekasse für die Versorgung im Pflegeheim maximal im Monat (Euro).

Pflegegrad	1	2	3	4	5
Zuschuss zu Pflegekosten (Leistungsbetrag)	*	805	1319	1855	2096
Hilfe für Menschen mit Behinderungen	0	278	278	278	278

* Anspruch nur über Entlastungsbetrag; alle Beträge in Euro

Weitere Leistungen der Pflegekasse

Allen Pflegebedürftigen, also auch denen in Pflegegrad 1, stehen monatlich noch zwei Extraleistungen bei Bedarf zu. Erstens gibt es einen Zuschuss für alle Personen, die in Pflege-Wohngemeinschaften (siehe „Pflege-WGs“, S. 85) leben, in Höhe von 224 Euro pro Monat. Dieser soll eine 24-Stunden-Betreuung ermöglichen.

Zweitens bezahlt die Kasse Hilfsmittel zum Verbrauch in Höhe von bis zu 42 Euro im Monat, wie Einmalhandschuhe, Desinfektionsmittel oder Bettschutzeinlagen. Die Kosten kann man sich erstatten lassen oder sich monatlich eine individuell bestückte Box mit Hilfsmitteln liefern lassen. Anbieter wie Curabox, Pflegebox oder Sanubi rechnen dann direkt mit der Kasse ab.

Außerdem gilt: Für Pflegehilfsmittel wie Toilettenstuhl, Hausnotruf oder Pflegebett trägt die Kasse grundsätzlich den größten Teil der Kosten. Pflegebedürftige müssen nur einen Eigenanteil von 10 Prozent des Preises zahlen – höchstens aber je 25 Euro.

Für Versicherte in den Pflegegraden 2 bis 5 gibt es noch eine jährliche Extraleistung bei Bedarf. Mit dem Entlastungsbudget kann entweder eine vorübergehende Pflege im Heim (siehe „Kurzzeitpflege“, S. 38) oder die Verhinderungspflege zuhause finanziert werden. Zweitere bekommen Menschen, deren Pflegeperson vorübergehend ausfällt, etwa weil sie krank ist oder in den Urlaub fährt (siehe „Verhinderungspflege“, S. 68).

UNSER RAT

Beratung nutzen

➔ **Geld.** Das Geld der gesetzlichen Pflegeversicherung reicht nur selten für die komplette Finanzierung der Pflege – besonders im Heim. Den Rest tragen Sie als Familie. Haben Sie wenig Einkommen und nur geringe Ersparnisse, springt das Sozialamt ein (siehe „Hilfe vom Staat“, S. 47).

➔ **Unterstützung.** Hat eine mit Ihnen verwandte Person einen Pflegegrad, unterstützt die Pflegekasse auch Sie als pflegende Angehörige, etwa durch kostenlose Pflegekurse (siehe „Pflegekurse“, S. 65). Zudem steht Ihnen regelmäßig eine Auszeit zu, welche die Pflegekasse mitfinanziert (siehe „Verhinderungspflege“, S. 68).

➔ **Beratung.** Beantragt oder bezieht jemand eine Pflegeleistung, haben sowohl Pflegebedürftige als auch pflegende Angehörige einen Anspruch auf kostenlose Pflegeberatungen. Eine Anlaufstelle ist ein Pflegestützpunkt. Gesetzlich Versicherte erhalten ortsnahe Adressen von ihrer Kasse. Privatversicherte wenden sich an die Compass Private Pflegeberatung (Tel. 0 800 / 1 01 88 00). Auch Beratungen zu Hause oder im Heim sind möglich. Für Menschen, die nur Pflegegeld beziehen, ist das sogar regelmäßig Pflicht.

➔ **Suche.** Beim Zentrum für Qualität in der Pflege (bdb.zqp.de) können Sie über eine Postleitzahl-Suche nahe gelegene Beratungsstellen finden.

Zusätzlich können Pflegebedürftige noch je einen Zuschuss pro Monat für einen Hausnotruf (25,50 Euro) und für digitale Pflegeanwendungen (53 Euro) geltend machen. Zweiteres gibt es allerdings bisher nur in der Theorie.

Andere Zuschüsse fürs Heim

Für die Pflege in einer stationären Einrichtung zahlt die Kasse andere Zuschüsse als für die Pflege zu Hause. Die Hauptleistung ist der sogenannte Leistungsbetrag. Er ist abhängig vom Pflegegrad und beträgt zwischen 805 und 2 096 Euro.

Das Geld ist ein Zuschuss zu den Pflegekosten und deckt nicht die Heimkosten. Versicherte müssen einen einrichtungseinheitlichen Eigenanteil (EEE) zahlen. Dieser beläuft sich auf rund 2 700 bis etwa 3 800 Euro pro Monat – je nach Einrichtung und Region. Darin enthalten sind ein Eigenanteil für die Pflege (etwa 1 500 bis 2 000 Euro) sowie die Kosten für Unterkunft und Verpflegung, Investitionskosten und eventuell eine Ausbildungsumlage.

Pro Bewohner ist der Eigenanteil in einem bestimmten Heim in den Pflegegraden 2 bis 5 jeweils gleich hoch. Er steigt auch nicht, wenn Versicherte später in einen höheren Pflegegrad eingestuft werden. Das Heim kann ihn aber aufgrund gestiegener Kosten regelmäßig anpassen.

Finanzielle Entlastung für Heimbewohner

Seit Januar 2022 werden Heimbewohner entlastet. Der Staat übernimmt einen Teil der selbst zu zahlenden Pflegekosten – je länger jemand im Pflegeheim lebt, desto höher ist der prozentuale Zuschuss:

- ➔ im ersten Wohnjahr 15 Prozent,
- ➔ im zweiten Wohnjahr 30 Prozent,
- ➔ im dritten Wohnjahr 50 Prozent,
- ➔ ab dem vierten Wohnjahr 75 Prozent.

Wie lange jemand in einem Pflegeheim wohnt, wirkt sich also besonders stark auf die Hilfe aus. Im vierten Wohnjahr beträgt der Eigenanteil an den Pflegekosten dann nur noch knapp 400 bis 500 Euro, wodurch die Gesamtbelastung auf etwa 1 500 bis 2 300 Euro pro Monat sinkt. Der Zuschlag muss nicht beantragt werden. Pflegeeinrichtungen rechnen ihn automatisch an.

INFO

Was die Krankenkasse übernimmt

➜ **Krankenpflege.** Sofern medizinisch notwendig, kann Arzt oder Ärztin häusliche Krankenpflege verordnen, wenn niemand sonst im Haushalt eine kranke Person versorgen kann. Gesetzlich Krankenversicherte müssen einen Eigenanteil zahlen: 10 Euro pro Verordnung und 10 Prozent der Pflegekosten, aber nur für die ersten 28 Tage.

➜ **Kurzzeitpflege.** Reicht die häusliche Krankenpflege nicht aus, bietet sich eine Kurzzeitpflege an. Die Krankenkasse übernimmt die Kosten von bis zu 1854 Euro, sofern die kranke Person keinen Pflegegrad von 2 oder höher hat. Denn dann springt die Pflegeversicherung ein.

➜ **Haushaltshilfe.** Können gesetzlich Versicherte ihren Haushalt wegen einer Erkrankung nicht selbst führen und gibt es niemanden, der das übernimmt, bezahlt die Krankenkasse auch eine Haushaltshilfe. Diese wird bis zu vier Wochen, in manchen Fällen sogar bis längstens 26 Wochen bezahlt, (mehr auf test.de/krankenkassen), beispielsweise wenn ein Kind unter zwölf Jahren im Haushalt lebt. Den Antrag auf Haushaltshilfe stellen Versicherte mithilfe der Hausarztpraxis. Das Formular gibt es bei der Krankenkasse. Diese kümmert sich in der Regel auch um die Organisation der Hilfe. Die nötige Zuzahlung beträgt 10 Prozent der Kosten pro Einsatz – mindestens aber 5 Euro und höchstens 10 Euro.

➜ **Hilfsmittel.** Die Kassen übernehmen Hilfsmittel, die nicht der Pflege, sondern der Unterstützung der Kranken direkt dienen, wie Rollatoren und Toilettensitzerhöhungen, wenn sie ärztlich verordnet wurden. Pro Hilfsmittel sind normalerweise zwischen 5 und 10 Euro zuzuzahlen.

Pflegekassen unterstützen beim Umbau

Wer langfristig eine Versorgung zu Hause sicherstellen kann, muss oft nicht ins Heim ziehen. Mit einigen Veränderungen können Wohnung oder Haus altersgerecht gestaltet werden: Türschwellen werden abgebaut, Haltegriffe angebracht, Teppiche entfernt (siehe „Die Wohnung anpassen", S. 52).

Umfangreiche Maßnahmen wie die Vergrößerung des Badezimmers können allerdings mehrere Tausend Euro kosten. Hat ein Mensch bereits einen Pflegegrad, unterstützt die Pflegekasse den Umbau mit bis zu 4180 Euro. Muss später noch mehr verändert werden, zahlt sie erneut.

Mehrere unter einem Dach

Teilen sich mehrere Pflegebedürftige ein Zuhause, können alle einen eigenen Umbau-Zuschuss in Anspruch nehmen. Maximal 16 720 Euro kann eine Pflege-WG erhalten.

Außerdem zahlen die Kassen an jede pflegebedürftigen Person, die eine Pflege-WG gründet oder daran beteiligt ist, eine Anschubfinanzierung von 2613 Euro für die altersgerechte Gestaltung – bis zu einem Höchstbetrag von insgesamt 10452 Euro.

Absicherung von Pflegenden

Die Pflegekassen zahlen unter bestimmten Bedingungen auch Beiträge zur Renten- und Arbeitslosenversicherung für pflegende Angehörige und andere Personen, die nicht erwerbsmäßig pflegen. Voraussetzungen sind, dass die Pflegeperson regelmäßig

➜ mindestens einen Menschen mit Pflegegrad 2 oder höher

➜ in deren häuslicher Umgebung

➜ an mindestens zwei Tagen sowie mindestens zehn Stunden pro Woche versorgt.

Sind diese Bedingungen erfüllt, gibt es zusätzliche Rentenpunkte. Die Höhe hängt vom Pflegegrad und der Pflegeleistung ab (siehe „Rente für Pflegende“, S. 41).

Für die Zahlungen in die Arbeitslosenversicherung gibt es noch zwei weitere Voraussetzungen: Die Pflegeperson muss unmittelbar vor der Pflegetätigkeit bereits gegen Arbeitslosigkeit abgesichert gewesen sein und sie darf während der Pflege nicht anderweitig beschäftigt sein, etwa in einer Teilzeitanstellung. Sind beide Bedingungen erfüllt, zahlt die Pflegekasse weiter in die Arbeitslosenversicherung ein. Nach der Pflege haben die ehemals Pflegenden dadurch Anspruch auf Arbeitslosengeld und Maßnahmen zur Arbeitsförderung, falls sie keinen Job finden.

Unfall oder Verletzung

Wer privat pflegt und sich dabei verletzt oder verunglückt, ist über die gesetzliche Unfallversicherung abgesichert. Die Pflegeversicherung der pflegebedürftigen Person meldet Pflegende bei der zuständigen Unfallkasse an und zahlt Beiträge für die Zeit der Pflege. Wichtig ist, sich bei der Pflegekasse einmal als Pflegeperson anzumelden.

Im Fall der Fälle zahlt die Unfallversicherung eine umfangreiche Heilbehandlung, Arznei- und Hilfsmittel, Transport- und Fahrtkosten – ohne dass für Pflegende zum Beispiel Eigenanteile im Krankenhaus oder Zuzahlungen für Medikamente anfallen.

Das gilt etwa, wenn Pflegende sich beim Umbetten verheben und eine Rückenverletzung erleiden oder wenn sie beim Einkaufen für die pflegebedürftige Person angefahren werden. Darüber hinaus übernimmt die Versicherung unter anderem die Behandlungskosten, wenn Pflegenden auf direktem Weg zur oder von der Pflegetätigkeit weg etwas passiert.

Kurzzeitpflege

Einige Pflegeeinrichtungen bieten Plätze zur vorübergehenden Versorgung an – zur Überbrückung in Krisenzeiten oder zur Entlastung Pflegender.

Mehr als 60 Jahre lebten Ursel Pillat und ihr Ehemann Josef gemeinsam im kleinen Dorf Waschow in Mecklenburg-Vorpommern. Zusammen kümmerten sie sich um ihren 1300 Quadratmeter großen Garten hinter ihrem Wohnhaus. Obwohl Ursel Pillat bereits seit Jahrzehnten hochgradig sehbehindert war, bewältigten sie ihre täglichen Aufgaben, machten unermüdlich weiter.

Als beide schon mehr als 90 Jahre alt waren, stürzt Ursel Pillat und bricht sich den Oberschenkelhals. Wenig später stürzt sie wieder und bricht sich das Handgelenk. Nach dem dritten Sturz, kurz vor der diamantenen Hochzeit des Ehepaares, wird klar: So kann es nicht weitergehen. Alles ist Ursel jetzt zu viel, ihre Knochen schmerzen immer stärker.

Ihre vier Kinder hatten den Eltern schon seit geraumer Zeit gesagt: „Holt euch eine Pflegekraft, wenigstens Essen auf Rädern." Doch Ursel und Josef Pillat wollten keine Hilfe annehmen.

Erst im Krankenhaus erkennt Ursel Pillat, dass sie zu Hause nicht mehr wie bisher zurechtkommen wird. Ihr Mann kann es nicht schaffen, sie zu pflegen. Das erste Mal denkt sie über ein Pflegeheim nach, tut sich aber schwer mit dem Gedanken an einen Umzug. Ihre Familie hat eine Idee: Sie soll sich erst einmal stabilisieren und das Leben im Pflegeheim kennenlernen. Das geht am besten in einer Kurzzeitpflege.

UNSER RAT

Entlastung nutzen

→ **Entlastung.** Kurzzeitpflege in einer Einrichtung ist möglich, wenn die Pflege eines Menschen zu Hause vorübergehend nicht gewährleistet werden kann. Ab Pflegegrad 2 zahlen die Pflegekassen für maximal acht Wochen im Jahr einen Zuschuss. Im Rahmen des Entlastungsbudgets sind bis zu 3 539 Euro möglich, wenn keine Verhinderungspflege in Anspruch genommen wird.

→ **Zuschuss.** Der Zuschuss gilt für Pflege und Betreuung. Für Unterkunft und Verpflegung zahlen Pflegebedürftige selbst, können aber den Entlastungsbetrag von 131 Euro im Monat einsetzen. Pflegegeld wird zur Hälfte weiterbezahlt.

→ **Antrag.** Kurzzeitpflege beantragen Sie vor deren Beginn bei der Pflegekasse. Antragsformulare gibt es meist auf deren Internetseite.

Für ein paar Wochen im Pflegeheim

Bei einer Kurzzeitpflege wohnen Pflegebedürftige für einen begrenzten Zeitraum in einem Pflegeheim und werden dort nach Bedarf versorgt. Dieses Modell ist vor allem dann geeignet, wenn die Pflege zu Hause durch Familienangehörige oder ambulante Pflegekräfte kurzfristig nicht möglich ist.

Das kann zum Beispiel der Fall sein, wenn sich der Gesundheitszustand von Pflegebedürftigen vorübergehend verschlechtert, wenn nach einem Reha-Aufenthalt noch nicht klar ist, wie es weitergehen kann, oder wenn die Wohnung erst noch pflegegerecht umgestaltet werden muss. Oft wird Kurzzeitpflege auch genutzt, um die Zeit des Wartens auf einen dauerhaften Heimplatz zu überbrücken.

Ab Pflegegrad 2 Geld von der Kasse

Viele Pflegeheime bieten Plätze für Kurzzeitpflege an. Dafür haben sie einen besonderen Vertrag mit den Pflegekassen. Die Versicherung bewilligt Kurzzeitpflege für bis zu acht Wochen im Kalenderjahr und zahlen bis zu 3 539 Euro dazu. Voraussetzung für eine Bezuschussung ist, dass Pflegebedürftige mindestens in Pflegegrad 2 eingestuft sind. Beziehen sie ansonsten Pflegegeld, erhalten sie dieses während der Kurzzeitpflege zur Hälfte weiter.

Menschen mit Pflegegrad 1 können – wie alle in den Pflegegraden 2 bis 5 ebenfalls – den Entlastungsbetrag in Höhe von 131 Euro im Monat zur Mitfinanzierung nutzen. **Wichtig:** Die Pflegekasse zahlt nur reine Pflege- und Betreuungskosten. Unterkunft, Verpflegung und Investitionskosten der Einrichtung tragen Pflegebedürftige selbst. Kostenfrei ist der Aufenthalt also nicht, selbst wenn der Beitrag der Pflegekasse die Pflegekosten abdeckt.

Der Betrag für Kurzzeitpflege lässt sich nur voll ausschöpfen, wenn im gleichen Jahr keine Verhinderungspflege, also eine Ersatzpflege zu Hause, beansprucht wird (siehe „Verhinderungspflege", S. 68). Denn das Entlastungsbudget in Höhe von 3539 Euro kann flexibel für beide Arten der Ersatzpflege eingesetzt werden. Diese Regelung gilt seit 1. Juli 2025. Vorher waren Umwandlungsanträge nötig, wenn Pflegebedürftige mehr Kurzzeit- statt Verhinderungspflege oder umgekehrt nutzen wollten. Das neue gemeinsame Entlastungsbudget hat dies vereinfacht. Auch eine bestimmte Vorpflegezeit ist für den Anspruch nicht mehr erforderlich.

Wichtig zu wissen ist, dass Pflegebedürftige weiterhin entweder Kurzzeit- oder Verhinderungspflege bei ihrer Versicherung beantragen müssen. Nur der Topf, aus dem das Geld entnommen wird, heißt Entlastungsbudget.

Sozialdienst kümmert sich

Bei Ursel Pillat war zum Zeitpunkt ihres Krankenhausaufenthalts noch keine Pflegebedürftigkeit festgestellt worden. In solchen Fällen beantragt meist der Sozialdienst der Klinik bei der zuständigen Pflegekasse die Einstufung in einen Pflegegrad. Angehörige können hierbei unterstützen und bekommen oft bereits erste Informationen und manchmal eine Liste mit möglichen Anbietern in die Hand. Oft stellt der Dienst direkt den Kontakt zu einer Pflegeeinrichtung her, um einen Kurzzeitpflegeplatz zu organisieren. So geschah das auch bei Ursel Pillat.

Für die Entscheidung, ob und welcher Grad an Pflegebedürftigkeit vorliegt, kam eine Fachkraft des Medizinischen Dienstes (MD) zur Begutachtung zu Ursel Pillat ins Krankenhaus. Sie bekam die Bestätigung für Pflegegrad 2 und somit bezuschusste die Pflegeversicherung ihre Kurzzeitpflege.

Die erste Zeit im Pflegeheim

Die ehemalige Verkäuferin wurde aus dem Krankenhaus entlassen und zog direkt in ein Pflegeheim, 33 Kilometer von ihrem Heimatort entfernt. Die ersten Tage seien schwer gewesen, berichtete die damals 92-Jährige: „Ich habe mir viele Sorgen gemacht. Sorgen, ob zu Hause auch alles gut läuft. Aber ich konnte ja nicht einfach weg."

Seit ihrem letzten Sturz saß Ursel Pillat fast nur noch im Rollstuhl, außerdem konnte sie kaum noch etwas sehen. „Einfach ausbüxen geht nicht", sagte sie. Ihre Kinder beruhigten sie, der Vater komme gut klar. Langsam gewöhnte sich Ursel Pillat an ihr neues Umfeld, an die anderen Bewohner, die Pflegekräfte. Es begann ihr zu gefallen. Und so entschied sie sich ganz für das Leben im Heim.

Noch einmal zog sie um. Denn sie bekam einen dauerhaften Pflegeplatz in einem anderen Pflegeheim in der Nähe, wo sie bis zu ihrem Tod lebte. „Ich fühle mich wohl und bin nicht mehr so weit weg von meinem Mann", sagte sie.

Der konnte sie unkompliziert besuchen, lebte aber weiterhin im Haus in Waschow, welches er nicht verlassen wollte. Irgendwann brauchte er selbst Hilfe, die er sich mithilfe seiner Kinder organisierte.

Rente für Pflegende

Die Pflege von Angehörigen oder Freunden kann die Rente erhöhen. So zahlt sich das Engagement später im Alter aus.

Knapp 6 Millionen Menschen in Deutschland haben einen Pflegegrad. Tendenz stark steigend. Fast neun von zehn Pflegebedürftigen werden zu Hause versorgt. Das zeigen Zahlen des Statistischen Bundesamts.

Meist sind es Angehörige oder Freunde, die einen Großteil der Arbeit leisten, indem sie die Pflegebedürftigen in deren Zuhause unterstützen. Das fordert einen hohen persönlichen Einsatz. Zusätzlich nehmen pflegende Angehörige häufig finanzielle Einbußen in Kauf, etwa wenn sie ihre Arbeitszeit reduzieren oder ihren Job (vorübergehend) ganz aufgeben, um der Aufgabe gerecht zu werden. Das kann nicht nur für den Moment, sondern auch für die eigene Rente später ein spürbares Minus bedeuten.

Der Gesetzgeber hat deshalb festgelegt, ehrenamtliches Engagement von Pflegenden bei der gesetzlichen Rente wie Erwerbsarbeit zu werten, wenn es einen gewissen Zeitaufwand übersteigt. Die gesetzliche oder private Pflegeversicherung der pflegebedürftigen Person zahlt die Beiträge an die Rentenkasse.

Bis zu 37 Euro Rente mehr im Monat

Wer mindestens ein Jahr pflegt, bekommt ab Renteneintritt bis zum Lebensende pro Monat mehr Rente. Das Plus, das sich aus der ehrenamtlichen Pflegearbeit ergibt, liegt pro Jahr Pflege später zwischen knapp 7 und 37 Euro im Monat (Stand: 2025).

Wenn Sie zum Beispiel Ihre Mutter mit Pflegegrad 3 unterstützen, die ebenfalls Hilfe von einem Pflegedienst erhält, bekommen Sie später 13,44 Euro mehr Rente im Monat. Wenn Sie das zwei Jahre lang machen, gibt es monatlich 26,88 Euro mehr. Für drei Jahre 40,32 Euro und so weiter. Das ist weniger als ein Vollzeitjob bringt, aber besser als nichts. Zum Vergleich: Die Rente von Durchschnittsverdienenden steigt aktuell (Stand: 2025) pro Jahr um 40,79 Euro.

Wie viel die Monatsrente bei Pflegenden im Einzelnen zulegt, zeigt unsere Tabelle „So steigt derzeit die Rente von Pflegenden" auf S. 42. Sind Angehörige neben der Pflege noch berufstätig, schreibt die Rentenkasse ihnen die Rentenansprüche zusätzlich zu denen aus ihrer Beschäftigung gut.

Bedingungen für Extra-Rentenpunkte

Allerdings bekommen nicht alle, die sich um eine pflegebedürftige Person kümmern, dafür Rentenpunkte gutgeschrieben. Wer neben der Pflegetätigkeit mehr als 30 Stunden wöchentlich erwerbstätig ist, geht leer aus. Auch für Angehörige, die jemanden mit Pflegegrad 1 unterstützen, zahlen die Pflegeversicherungen keine Rentenbeiträge an die Rentenversicherung. In beiden Varianten wird der Pflege-Aufwand vom Gesetzgeber als eher gering angesehen.

Weitere Voraussetzungen für die Pflege-Rentenpunkte sind: Pflegende...

➔ versorgen regelmäßig mindestens eine Person mit Pflegegrad 2 bis 5 in deren häuslichen Umfeld,

➔ wenden für die Pflege mindestens zehn Stunden pro Woche regelmäßig an mindestens zwei Tagen auf, und

➔ beziehen keine Vollrente wegen Alters nach dem Erreichen der Regelaltersgrenze.

So steigt derzeit die Rente von Pflegenden

Pflegetätigkeit für ein Jahr und Einstufung in …		Rentenplus/Monat West (Euro)	Rentenplus/Monat Ost (Euro)
Pflegegrad 2	Pflegegeld	10	10
	Kombinationsleistungen	8,50	8,50
	Pflegesachleistungen	7	7
Pflegegrad 3	Pflegegeld	16	15,50
	Kombinationsleistungen	13,50	13,50
	Pflegesachleistungen	11	11
Pflegegrad 4	Pflegegeld	25,50	25,50
	Kombinationsleistungen	22	22
	Pflegesachleistungen	18	18
Pflegegrad 5	Pflegegeld	37	36,50
	Kombinationsleistungen	31,50	31
	Pflegesachleistungen	25,50	25,50

Quelle: Deutsche Rentenversicherung, Beträge gerundet, Stand: Juli 2025

Die Grenze für die Regelaltersrente steigt schrittweise an. Sie liegt für alle ab Jahrgang 1964 bei 67 Jahren.

Tipp: Wenn Sie jemanden pflegen und bereits die Regelaltersgrenze erreicht haben, können Sie mit einem Trick trotzdem Rentenpunkte sammeln. Wechseln Sie dafür von einer Vollrente in eine Teilrente. Dafür genügt schon eine Reduzierung auf beispielsweise 99,9 Prozent. Damit gelten Sie nicht mehr als Vollrentner und bekommen somit Extra-Rentenpunkte gutgeschrieben. Nach einem Jahr Pflege erhöht sich die Auszahlung Ihrer Teilrente automatisch. Eine so geringe Reduzierung bedeutet meist nur wenige Euro Verlust im Monat. Die Extrapunkte, die Sie in dieser Pflegezeit sammeln, verschaffen Ihnen aber bis zum Ende Ihres Lebens ein monatliches Rentenplus. Daher lohnt sich dieser Trick für Menschen, die eine gesetzliche Rente erwarten, fast immer.

Wie sich die Beitragshöhe berechnet

Um zu bestimmen, wie hoch die Rentenbeiträge für eine pflegende Angehörige sein müssen, tut die Versicherung der pflegebedürftigen Person so, als würde die Angehörige für ihre Pflegetätigkeit ein Gehalt beziehen. Auf dieses fiktive Gehalt zahlt die gesetzliche oder private Pflegeversicherung dann den vollen Rentenversicherungsbeitrag. Er beträgt derzeit 18,6 Prozent.

Die Höhe des Gehalts, das die Pflegekasse für die Berechnung der Beiträge zugrunde legt, ist ein wenig kompliziert. Sie hängt von der sogenannten Bezugsgröße ab: einer Kennzahl in der gesetzlichen Sozialversicherung, die das Bundesarbeitsministerium jedes Jahr neu festlegt. 2025 liegt sie bei 3745 Euro pro Monat. Das der Rentenberechnung zugrunde liegende fiktive Gehalt kann zwischen 18,9 und 100 Prozent der Bezugsgröße liegen, derzeit monatlich also zwischen rund 708 Euro und 3745 Euro.

Welchen Prozentsatz die Pflegeversicherung zur Berechnung des fiktiven Gehalts ansetzt, richtet sich nach zwei Faktoren:

➜ dem Pflegegrad der pflegebedürftigen Person und

➜ dem Maß, in dem externe Pflegedienste bei der Versorgung helfen – also, ob die pflegebedürftige Person nur Pflegegeld, nur Pflegesachleistung oder Kombinationsleistungen von der Versicherung erhält.

Weniger professionelle Hilfe, mehr Rente

Je höher der Pflegegrad ist und je weniger professionelle Hilfe es gibt, desto mehr Rente bekommen Pflegende für ihre Tätigkeit (siehe Tabelle „So steigt derzeit die Rente", links). Denn es ist davon auszugehen, dass die Pflegenden dann besonders viel Zeit in die Versorgung investieren.

Am höchsten ist das fiktive Gehalt, wenn pflegende Angehörige einen Menschen mit Pflegegrad 5 in dessen Zuhause versorgen, also Schwerstbeeinträchtigte mit besonderen Anforderungen an die Pflege. Beispiele wären Patienten mit Krebserkrankungen im Endstadium, Menschen mit schwerster Demenz oder Wachkomapatienten. Dass diese ausschließlich von Angehörigen versorgt werden, kommt allerdings nur sehr selten vor und ist aus Expertensicht auch nicht empfehlenswert. Besser ist es, die Pflege auf mehrere, auch professionelle, Schultern zu verteilen. Trotzdem soll hier einmal der Unterschied anhand von zwei Beispielen gezeigt werden.

Beispiel I: Ein Sohn kümmert sich in Dresden um seinen an Demenz erkrankten Vater mit Pflegegrad 4. Der Vater bekommt ausschließlich Pflegegeld von der Pflegekasse. Sein Sohn versorgt ihn also ohne die Hilfe durch ambulante Pflegedienste.

Wenn der Sohn ihn drei Jahre lang auf diese Weise unterstützt, erhöhen sich seine Rentenanwartschaften nach derzeitigen Werten um drei mal 25,50 Euro, also 76,50 Euro. Um diesen Betrag wird seine Rente später jeden Monat höher sein.

Beispiel II: Eine Mutter in Bonn kümmert sich um ihren spastisch gelähmten 12-jährigen Sohn mit Pflegegrad 3. Der Sohn ist über die Mutter pflegeversichert. Da sie noch weitere Kinder hat, leistet ein Pflegedienst einen Teil der notwendigen Hilfe.

UNSER RAT

Mehr Rente bekommen

→ **Beratung.** Erkundigen Sie sich, welche Auswirkungen Ihre Pflegetätigkeit auf Ihre Altersversorgung hat. Besonders, wenn Sie dafür im Beruf kürzertreten, etwa Teilzeit arbeiten oder Auszeiten nehmen. Gehen Sie bald regulär in Altersrente, lassen Sie sich von der gesetzlichen Rentenversicherung ausrechnen, ob es sich lohnt, nur eine Teilrente zu beantragen. Auch 99,9 Prozent werden als Teilrente anerkannt. Die ermöglicht es, weiterhin Rentenbeiträge für die Pflege zu erhalten. Die Beratung bei der gesetzlichen Rentenversicherung ist kostenlos (Tel. 0800/10004800).

→ **Fragebogen.** Rente für Ihre Pflegezeiten bekommen Sie nur, wenn Sie den „Fragebogen zur Zahlung der Beiträge zur sozialen Sicherung für nicht erwerbsmäßig tätige Pflegepersonen" ausfüllen. Sie bekommen ihn bei der Pflegekasse oder Rentenkasse oder finden ihn im Internet.

Da der Sohn die Pflegesachleistung ausschöpft, steigen die monatlichen Rentenanwartschaften der Mutter pro Jahr Pflege um rund 11 Euro. Für 18 Jahre Unterstützung ihres Sohnes wird sie also später ein Rentenplus von 191 Euro im Monat erhalten.

Korrekter Antrag nötig

Damit die Rentenpunkte gutgeschrieben werden, müssen Pflegende einen Fragebogen ausfüllen (siehe „Mehr Rente bekommen", oben). Das geht auch rückwirkend. Die Pflegenden müssen dann nachweisen, dass sie schon in der Vergangenheit alle geforderten Voraussetzungen erfüllt haben.

Teilen sich mehrere Personen die Pflegearbeit, beispielsweise Geschwister, müssen sie angeben, wer in welchem Umfang zur Pflege beiträgt. Die Rentenbeiträge der Pflegekasse teilt die Rentenversicherung dann anteilig auf.

Pflegekosten von der Steuer absetzen

Regelmäßige Hilfe im Alltag kostet viel Geld. Der Staat unterstützt Pflegebedürftige und Angehörige mit Steuerrabatt.

Ob Kurzzeitpflege, ambulante Versorgung zu Hause oder Pflege im Heim: Die Pflegeversicherung übernimmt zwar einige Kosten, und wer Angehörige pflegt, hat Anspruch auf weitere Unterstützung. Doch auf der einen oder anderen Rechnung bleiben Gepflegte und Pflegende sitzen.

Diese finanzielle Ausnahmesituation erkennt das Finanzamt an: Pflegekosten, die die Betroffenen selbst tragen müssen, lassen sich zumindest in der Steuererklärung als außergewöhnliche Belastung absetzen.

Den Eigenanteil ermitteln

Die zumutbare Belastung errechnet sich stufenweise und hängt vom Familienstand, den Gesamteinkünften und der Zahl der Kinder ab. Beispiel: Ein Alleinstehender mit 40 000 Euro Einkommen trägt für die ersten 15 340 Euro 5 Prozent und die nächsten 24 660 Euro (40 000 – 15 340 Euro) 6 Prozent selbst. Eigenanteil: 2 247 Euro.

	Prozentsatz je Anteil an den Gesamteinkünften (ohne Kapitaleinkünfte)		
Familienstand	**Anteil bis 15 340 Euro**	**15 341 bis 51 130 Euro**	**mehr als 51 130 Euro**
Single ohne Kind	5	6	7
Paar ohne Kind	4	5	6
1 oder 2 Kinder	2	3	4
3 oder mehr Kinder	1	1	2

So hoch ist der Eigenanteil

Einen gewissen Anteil ihrer außergewöhnlichen Belastungen müssen Steuerzahlende selbst schultern. Das mutet das Finanzamt ihnen zu. Nur Ausgaben, die die individuelle Grenze übersteigen, wirken sich aus.

Dafür ziehen Steuerzahlende von der Summe ihrer außergewöhnlichen Belastungen zunächst alle Versicherungsleistungen ab und geben den Restbetrag in ihrer Erklärung an. Das Finanzamt ermittelt dann den Eigenanteil stufenweise anhand des Familienstands, der Höhe der Einkünfte und der Zahl der kindergeldberechtigten Kinder.

Wollen Sie vorab wissen, welche Kosten zum Tragen kommen, können Sie dafür die Tabelle „Den Eigenanteil ermitteln" links zur Hilfe nehmen. Oder Sie rechnen den Eigenanteil online aus. Auf unserer Homepage bieten wir einen kostenlosen Rechner dafür an unter test.de/zumutbare-belastung.
Tipp: Sofern möglich, kann es klug sein, Kosten in einem Jahr zu bündeln. Manchmal kann es auch sinnvoller sein, Kosten zwischen Pflegenden und Pflegebedürftigen für die Steuer passend aufzuteilen.

Kosten für die eigene Pflege

Um privat getragene Pflegekosten absetzen zu können, benötigen Steuerzahlende zunächst ein Attest vom Amtsarzt oder eine Bescheinigung des Medizinischen Dienstes (MD). Damit weisen sie nach, dass ihre Ausgaben notwendig waren und ihnen zwangsläufig entstanden sind.

Einfacher geht es, wenn die Pflegekasse einen Pflegegrad festgestellt hat. Dann begnügt sich das Finanzamt mit der Bescheinigung des Pflegegrads und Rechnungen. Eine Pflicht, Belege direkt der Steuererklärung beizulegen, besteht nicht mehr. Steuerzahlende müssen die Unterlagen aber für Rückfragen des Finanzamts aufbewahren. **Tipp:** Heften oder speichern Sie steuerlich relevante Pflegerechnungen separat ab. So haben Sie sie bei Bedarf schnell zur Hand.

Menschen mit Behinderung können wählen

Menschen, die Pflege benötigen und eine anerkannte Behinderung haben, können wählen: Entweder weisen sie Heim-, Pflege- und Krankheitskosten einzeln nach. Das lohnt sich, wenn sie die zumutbare Last deutlich übersteigen. Alternativ beantragen sie den Behindertenpauschbetrag (siehe Tabelle „Die Pauschale ablesen" rechts). Diesen erhalten Gepflegte mit Behinderung, ohne dass vorher ein Eigenanteil abgeht. Ehepaare können den Behindertenpauschbetrag jeweils zur Hälfte unter sich aufteilen, wenn sie sich einzeln zur Steuer veranlagen lassen (BFH, Az. III R 2/17).

Wenn Angehörige sich kümmern

Auch Familienmitglieder können Pflege- und Heimkosten, die sie für gepflegte Angehörige übernommen haben, geltend machen. Wenn diese einen Pflegegrad haben, geht das problemlos. Allerdings müssen sich die pflegenden Angehörigen eine zumutbare Belastung anrechnen lassen.

Der Eigenanteil durch die zumutbare Belastung entfällt, wenn Pflegende stattdessen den Pflegepauschbetrag beantragen.

Die Pauschale ablesen

Ab einem Grad der Behinderung (GdB) von 20 gewährt das Amt einen Pauschbetrag. Wer höhere Kosten abrechnen will, muss Belege aufheben.

Grad der Behinderung	**Pauschale** (Euro)
20	384
30	620
40	860
50	1 140
60	1 440
70	1 780
80	2 120
90	2 460
100	2 840
Hilflos und (taub)blind	7 400

Dieser kann ab Pflegegrad 2 in Anspruch genommen werden. Er bedenkt nicht die tatsächlich entstandenen Kosten, sondern seine Höhe ist pauschal und richtet sich nach dem Pflegegrad:

- bei Pflegegrad 2: 600 Euro im Jahr,
- bei Pflegegrad 3: 1100 Euro im Jahr,
- bei Pflegegrad 4 und 5 sowie bei Hilflosigkeit: 1800 Euro im Jahr.

Er steht Ihnen zu, wenn Sie sich unentgeltlich um eine pflegebedürftige Angehörige kümmern. Pflegende können den Pauschbetrag auch mehrfach erhalten. Wenn Sie beispielsweise beide Elternteile versorgen, können Sie pro Jahr einmal den passenden Betrag für die Unterstützung Ihrer Mutter und einmal für Ihren Vater bekommen.

Umbaukosten absetzen

Wer die eigene Wohnung barrierefrei umgestaltet, kann die Kosten von der Steuer absetzen – sofern Pflege- oder Krankenkasse diese nicht bereits bezahlt hat (siehe „Die Anpassung finanzieren", S. 54).

Heimaufenthalt spart Steuern

Ausgaben für ein Alters- oder Pflegeheim bringen Steuererleichterungen, wenn sie durch Pflegebedürftigkeit, Behinderung oder Krankheit veranlasst sind – und zwar ab dem Zeitpunkt, ab dem Steuerzahlende dies nachweisen können. Kosten einer krankheitsbedingten Unterkunft im Pflegeheim zählen sogar ohne festgestellten Pflegegrad (Bundesfinanzhof, Az. VI R 38/09).

Sind Pflegebedürftigkeit, Behinderung oder Krankheit Auslöser für den Umzug ins Heim, lassen sich auch Umzugskosten als außergewöhnliche Belastung absetzen.

Kosten eines Heimaufenthalts rein aus Altersgründen fallen beim Finanzamt aber durch. Außerdem liegt für den Staat kein ausschließlich krankheits- oder pflegebedingter Umzug vor, wenn ein pflegebedürftiger Mensch in eine Wohnform zieht, in dem ein ambulanter Pflegedienst ihn versorgt.

Abzug von Haushaltskosten

Wurde im Rahmen eines krankheits- oder pflegebedingten Umzugs in ein Heim der private Haushalt aufgelöst? Dann kürzt das Finanzamt die Heimkosten um eine sogenannte Haushaltsersparnis – für das Jahr 2025 beträgt sie 12 096 Euro.

Der Kürzungsbetrag soll den allgemeinen Lebenshaltungskosten einer Person entsprechen, die ihr sowieso entstanden wären und somit nicht außergewöhnlich sind. Bei Ehepaaren darf das Finanzamt die Haushaltsersparnis doppelt anrechnen, entschied der Bundesfinanzhof (Az. VI R 22/16).

Steuerrabatt für Hilfe im Haushalt

Den Teil der Kosten für eigene Pflege oder eigenen Heimaufenthalt, den das Finanzamt aufgrund des Eigenanteils nicht berücksichtigt, können Steuerzahlende anderweitig absetzen – nämlich als sogenannte Haushaltsnahe Dienstleistung (BFH, Az. VI R 19/17). 20 Prozent davon zieht das Amt dann direkt von ihrer Steuerlast ab.

Kosten bündeln

Ihren Eigenanteil knacken Steuerzahlende leichter, wenn sie alle finanziellen Belastungen desselben Jahres zusammentragen. Als solche zählen neben Pflege- und Heimkosten auch Ausgaben, die in Notsituationen entstehen, beispielsweise bei einer Krankheit, oder auch Kosten von Schwangerschaft und Geburt.

Gesundheits- und Krankheitskosten akzeptiert das Finanzamt, sofern sie privat bezahlt wurden und medizinisch notwendig waren. Als Nachweis – etwa für Medikamente und für Hilfsmittel wie Hörgerät, Rollator oder Rollstuhl – genügen in der Regel einfache Belege wie ärztliche Verordnungen und Quittungen. Versicherungsleistungen mindern außergewöhnliche Belastungen.

Wenn Versicherte die Kosten nur freiwillig getragen haben, um eine Beitragsrückerstattung der privaten Krankenversicherung zu erhalten, dürfen die Finanzbeamten abwinken (FG Rheinland-Pfalz, Az. 2 V 1883/11).

Hilfe vom Staat

Hilfe zur Pflege, Steuererleichterung, Schwerbehindertenausweis – staatliche Hilfe kann Entlastung bringen. Sie sollten alle Angebote nutzen, die Ihnen zustehen.

Neben den Leistungen aus der gesetzlichen Pflegekasse bietet der Staat verschiedene finanzielle Unterstützungen für Pflegebedürftige an, etwa die Hilfe zur Pflege oder das „Persönliche Budget". Ein Schwerbehindertenausweis bietet ebenfalls Vorteile.

Hilfe zur Pflege

Anders als die Grundsicherung (siehe S. 49) richtet sich die Hilfe zur Pflege speziell an Pflegebedürftige in den Pflegegraden 2 bis 5. Wenn diese ihre Pflege zu Hause oder im Heim trotz der Leistungen der Pflegeversicherung nicht bezahlen können, übernimmt das Sozialamt alle nötigen Pflegekosten. Die Hilfe zur Pflege zahlt der Staat auch, wenn Menschen nur vorübergehend, also nicht länger als sechs Monate, pflegebedürftig sind und deshalb keinen Anspruch auf Mittel aus der Pflegeversicherung haben, aber trotzdem für Pflege bezahlen müssen.

Wie hoch die Hilfe ausfällt, hängt von den Einkünften und tatsächlichen Ausgaben eines Menschen ab. Außerdem kommt es darauf an, ob und wie viel Ehepartner oder Kinder beisteuern können. Wenn diese mit ihrem Einkommen oder Vermögen die Pflege der Betroffenen bezahlen können, müssen sie das in bestimmten Grenzen tun.

Um die Hilfe zu erhalten, dürfen Betroffene nur bestimmte Geldmittel haben. Es berechnet sich aus drei Bereichen: Grundbetrag, Kosten für die Unterkunft (der Wohnort spielt dabei eine Rolle) und eventuell Familienzuschlag. Der Grundbetrag orientiert sich am Doppelten des sogenannten Regelbedarfs. Das sind aktuell 1126 Euro.

Vermögen muss aufgebraucht sein

Um Anspruch auf Hilfe zu haben, dürfen Pflegebedürftige nur geringe Einkünfte haben. Dazu zählt fast alles außer Pflegegeld. Außerdem ist lediglich ein geringes Vermögen von maximal 10 000 Euro zulässig. Für Partner gilt eine eigene Vermögensgrenze von ebenfalls 10 000 Euro. Pflegebedürftige, die Angehörigen in den vergangenen Jahren größere Geldsummen geschenkt haben, müssen sich diese gegebenenfalls zurückzahlen lassen.

Dazu zählen nach Urteil des Landessozialgerichts Baden-Württemberg auch regelmäßige Geldgeschenke wie Beiträge für Lebensversicherungen von Kindern. Eine 84-Jährige hatte Hilfe zur Pflege beantragt, doch der zuständige Sozialhilfeträger rechnete ihre monatlichen Einzahlungen in die Lebensversicherungen ihrer Töchter als Vermögen an. Bevor die Frau die Hilfe bekomme, müsse sie das Geld aus den Versicherungen für ihre Pflege aufwenden (Az. L 7 SO 1320/17).

Geschützt ist dagegen ein eigenes Haus oder eine eigene Wohnung, solange Pflegebedürftige selbst dort wohnen. Überschreiten Größe und Wert der Immobilie allerdings eine angemessene Größe, zahlt der Staat die Hilfeleistungen lediglich als Darlehen. Das müssen Betroffene zurückzahlen, wenn es ihre Verhältnisse wieder zulassen. Der Staat kann nach dem Tod einer pflegebedürftigen Person auf ihr Erbe zugreifen.

In der Praxis gilt ein Einfamilienhaus oder eine Eigentumswohnung als angemessen, ein großes Mietshaus oder eine Villa nicht.

INFO

Nützlicher Ausweis für Menschen mit Schwerbehinderung

→ **Auch für Pflegebedürftige.** Menschen, die länger als sechs Monate körperlich oder seelisch zu mindestens 50 Grad beeinträchtigt sind, gelten als schwerbehindert und können einen Schwerbehindertenausweis beantragen. Je nach Art und Grad ihrer Behinderung erhalten sie zum Beispiel Steuerermäßigungen – auch bei der Kfz-Steuer –, Zugang zu Behindertenparkplätzen und barrierefreien Sanitäranlagen oder können den Nahverkehr frei oder ermäßigt nutzen. Der Ausweis kommt auch für Pflegebedürftige infrage. Lassen Sie sich beim Versorgungsamt beraten.

→ **Antrag beim Versorgungsamt.** Betroffene beantragen den Ausweis beim zuständigen Versorgungsamt (soziales.niedersachsen.de/startseite/service_kontakt/, Ortsverzeichnis Deutschland). Welche Erleichterungen der Ausweis im Detail bringt, hängt von der Art der Behinderung ab. „H" steht etwa für Hilflosigkeit und muss ab Pflegegrad 4 zuerkannt werden. Hilflose Menschen dürfen den Nahverkehr kostenlos nutzen. Sie benötigen eine gültige Wertmarke vom Versorgungsamt, die für sie kostenfrei ist. Wer das Zeichen„G" für „erheblich gehbehindert" im Ausweis vermerkt hat oder „aG" für „außergewöhnlich gehbehindert", fährt ermäßigt.

Sozialamt kann von Kindern nur noch selten Geld fordern

Früher konnte das Sozialamt erwachsene Kinder von pflegebedürftigen Eltern in Regress nehmen, wenn deren Eltern im Pflegeheim Sozialhilfe (Hilfe zur Pflege) erhielten. Seit 2020 ist das in vielen Fällen nicht mehr möglich. „Elternunterhalt" kann nur noch eingefordert werden, wenn das gesamte Jahreseinkommen eines Kindes 100 000 Euro übersteigt. Nach Schätzungen von Experten sind damit 90 Prozent der Kinder von Zahlungen für ihre Eltern befreit.

Zum gesamten Jahreseinkommen zählt bei Arbeitnehmern in erster Linie der Bruttolohn. Abgezogen werden dürfen zum Beispiel Kinderbetreuungs- und „Werbungskosten", also steuerlich anerkannte berufsbedingte Ausgaben. Wer also brutto pro Jahr mehr als 100 000 Euro verdient, aber durch hohe Werbungskosten unter die Grenze rutscht, kann nicht zum Elternunterhalt herangezogen werden. Zum Einkommen zählen allerdings auch Einkünfte aus Vermietung und Kapitalerträge. Bei Selbstständigen ist die Berechnung etwas komplizierter.

Wie viel der Partner oder die Partnerin des Kindes einer pflegebedürftigen Person verdient, spielt hingegen keine Rolle. Das Einkommen wird nicht hinzugerechnet.

Wohngeld

Unter bestimmten Bedingungen können Pflegebedürftige auch Wohngeld erhalten. Dieses gibt es in zwei Varianten.

Das normale Wohngeld ist ein Zuschuss zur Miete, welchen Bedürftige erhalten können, die sich ihre Miete nicht mehr leisten können. Seit 2023 haben deutlich mehr Mensch Anspruch darauf. Auch Menschen im Pflegeheim können Wohngeld erhalten. Einen Rechner, wer Anspruch hat, gibt es auf der Webseite des Bundesministeriums für Wohnen, Stadtentwicklung und Bauwesen unter bmwsb.bund.de, Stichwort: Wohngeld-Plus-Rechner.

Das speziellere Pflegewohngeld gibt es nur in manchen Bundesländern. Dieser Zuschuss finanziert die Investitionskosten eines Heims, wenn dadurch andere Formen von Sozialhilfe vermieden werden können. Je nach Heim bedeutet das eine monatliche Entlastung von etwa 300 bis 600 Euro.

Grundsicherung

Die Grundsicherung ist eine generelle Hilfe für ältere Menschen, die ihre täglichen Ausgaben nicht bezahlen können. Sie wird unabhängig von einer Pflegebedürftigkeit gezahlt. Die Deutsche Rentenversicherung (deutsche-rentenversicherung.de) rät auf ihrer Webseite, bei monatlichen Einkünften unter 1062 Euro prüfen zu lassen, ob ein Anspruch auf Grundsicherung besteht. Ein Anrecht hat aktuell, wer mindestens 66 Jahre und vier Monate alt oder voll erwerbsgemindert ist und seinen Lebensunterhalt nicht komplett aufbringen kann. Beratungen gibt es beim örtlichen Sozialamt.

Wie viel Grundsicherung der Staat zahlt, hängt vom jeweiligen Bedarf ab. Die Höhe richtet sich nach Einkünften, familiärer Situation und Wohnkosten der Antragsteller. Der Staat überweist einen Regelsatz sowie die tatsächlichen Kosten für Unterkunft und Heizung. Je nach Lebenssituation sind weitere Zuschüsse für sogenannte Mehrbedarfe möglich. Wenn nötig, übernimmt der Staat auch die Beiträge für Kranken- und Pflegeversicherung. Das kann besonders für privat Versicherte relevant sein, da deren Beiträge im Alter oft noch einmal deutlich steigen.

Wie bei der Hilfe zur Pflege wird Elternunterhalt von erwachsenen Kindern nur dann gefordert, wenn sie mehr als 100000 Euro im Jahr verdienen. Ihr Vermögen sowie Einkommen und Vermögen des Partners oder der Partnerin sind irrelevant.

Antragsteller selbst dürfen maximal über ein eigenes Vermögen von 10000 Euro verfügen, einen PKW und eine eigene Immobilie besitzen, sofern sie selbst darin wohnen und sie angemessen ist. Partnern stehen separat 10000 Euro Vermögen zu.

Unberücksichtigt bleiben außerdem 100 Euro pro Monat aus einer staatlich geförderten Altersvorsorge wie einer Riester- oder einer Betriebsrente sowie 30 Cent von jedem Euro darüber bis aktuell 281,50 Euro (Stand: 2025). Dieser Freibetrag gilt auch für die gesetzliche Rente, sofern Antragsteller mindestens 33 Jahre an Grundrentenzeit gearbeitet haben. Bis zu 250 Euro aus Ehrenamtstätigkeiten sowie Pflegegeld gelten ebenfalls nicht als Einkommen.

Pflegebedürftige ab Pflegegrad 2 können sowohl Grundsicherung als auch Hilfe zur Pflege beantragen, wenn Grundsicherung plus Leistungen der Pflegeversicherung nicht ausreichen, um die notwendige Pflege zu finanzieren.

Persönliches Budget beantragen

Menschen mit einer Behinderung oder einer chronischen Erkrankung, die regelmäßig Hilfe benötigen, haben Anspruch auf ein „Persönliches Budget“. Das ist ein Geldbetrag, der am Anfang jedes Monats ausgezahlt wird, mit dem sich Betroffene die für sie notwendige Hilfe selbst organisieren können. Sie dürfen zum Beispiel Helfer einstellen. Der Umfang des Persönlichen Budgets orientiert sich am individuellen Bedarf einer hilfsbedürftigen Person.

Das Bundesministerium für Arbeit und Soziales bietet im Internet auf bmas.de eine Broschüre zum Persönlichen Budget an (Suchwort: Budget). Hier erfahren Betroffene auch, wo sie das Geld beantragen können. Das ist je nach Fall unterschiedlich.

Pflege zu Hause organisieren

Wenn Sie sich für eine Pflege zu Hause entschieden haben, sollten Sie dafür sorgen, dass nicht nur eine einzige Person alles allein stemmen muss. Bauen Sie ein Netzwerk auf und holen Sie sich Hilfe von Profis. Engagieren Sie zum Beispiel einen ambulanten Pflegedienst oder greifen Sie auf die Hilfe einer Betreuungskraft, etwa aus Osteuropa, zurück.

Nutzen Sie die Leistungen, die die Pflegekasse bietet: So können beispielsweise Zuschüsse für die Anpassung der Wohnung, spezielle Kurse, die fit machen für den Pflegealltag, oder auch Verhinderungs-, Tages- und Nachtpflege den Alltag für alle Beteiligten deutlich erleichtern.

Die Wohnung anpassen

Stolperfallen weg, Duschhocker rein, Haltegriffe dran – schon kleine Veränderungen in der Wohnung erleichtern vieles.

Die meisten Menschen wollen so lange wie möglich in ihren eigenen vier Wänden bleiben – auch wenn sie pflegebedürftig werden. Dazu muss sich das Zuhause allerdings eignen oder zumindest entsprechend anpassen lassen. Es gibt viele Möglichkeiten, Wohnung oder Haus so zu verändern, dass ein Pflegealltag gut möglich ist und ein Umzug vermieden werden kann.

Freunde, Fußpflege und Friseur

Ein Umbau lohnt sich nur, wenn das Wohnumfeld stimmt. Es darf weder zu große Barrieren, wie zum Beispiel steile Zufahrtswege, noch eine zu dürftige Infrastruktur geben. Eine noch so barrierefreie Wohnung nützt wenig, wenn Hausärztin, Supermarkt oder Friseur nur schwer erreichbar sind – sei es, weil die Entfernungen zu groß oder die Wege zu kompliziert sind. Je mehr dieser Anlaufstellen vielleicht sogar fußläufig erreichbar sind, desto besser. Sie tragen viel dazu bei, dass Ältere und Pflegebedürftige lange selbstständig in ihrem Haushalt leben und sich versorgen können.

Im Idealfall gibt es weitere Angehörige in der Nähe, können Nachbarn und Freunde mal bei Bedarf aushelfen. Dann stimmen die Voraussetzungen für gute Pflege zu Hause.

Wenn es schnell gehen muss

Eine Wohnung oder ein Haus barrierefrei beziehungsweise barrierearm zu gestalten, bedeutet vor allem, sie für die Lebensumstände im höheren Alter anzupassen. Auch wenn die Beweglichkeit abnimmt, sollte ein selbstständiges, schönes und sicheres Leben möglich sein.

Dazu sind nicht immer aufwendige Umbauten erforderlich. Oft machen schon kleine Veränderungen die Wohnung oder das Haus mit wenig Aufwand deutlich sicherer. Manche sind für ältere Menschen generell empfehlenswert – unabhängig davon, ob sie noch alles allein regeln oder schon Hilfe erhalten. Sinnvoll ist es zum Beispiel, typische Stolperfallen zu beseitigen – Teppiche, Kabel und Fußläufer können befestigt, verlegt oder entfernt werden.

Sturzgefahr herrscht in vielen Räumen auch, weil sie zu üppig und unpraktisch möbliert sind. Wacklige Möbelstücke sollten weichen, nur wirklich standfeste und ausreichend hohe Tische, Schränke und Kommoden bleiben. Ohne großen Aufwand lassen sich Haltegriffe montieren, die in der Dusche, neben der Toilette oder nah an Türen zusätzlich Stabilität bieten.

Wichtig sind auch gute Lichtverhältnisse. Alle Wege innerhalb von Wohnung oder Haus sollten gut beleuchtet sein, damit vor allem nachts nichts schiefgeht. Eine Möglichkeit sind beispielsweise Bewegungsmelder, über die automatisch das Licht angeht.

Wohnberatung nutzen

Ob Bad, Küche oder Schlafzimmer – die eine Lösung für alle Räume gibt es nicht. Einen ersten Überblick darüber, worauf es ankommt, gibt unsere Checkliste „Wohnung geeignet?"rechts. Wie Sie das Zuhause alters- und pflegegerecht anpassen können, erfahren Sie online, zum Beispiel auf dem

Portal Nullbarriere.de. Außerdem bietet der Verein Barrierefrei Leben eine deutschlandweite Wohnberatung über das Internet (Barrierefrei-leben.de)

Eine gute Anlaufstelle sind auch Wohnberatungsstellen in der Nähe. Über Adressen und Kontakte informiert die Bundesarbeitsgemeinschaft Wohnungsanpassung (Wohnungsanpassung-bag.de). Auf Anfrage kommen geschulte Berater zu Pflegebedürftigen nach Hause. Sie machen Vorschläge, wie welcher Raum sicherer werden könnte und welche Mängel sich wie beseitigen ließen. Die Beratung hilft zu erkennen, welche Anpassungen notwendig und sinnvoll sind, um eine häusliche Pflege einfacher oder überhaupt möglich zu machen. Eine solche Erstberatung ist in der Regel kostenfrei.

Auch bei der Planung der Maßnahmen helfen die Wohnberater. Sie informieren außerdem über Finanzierungsmöglichkeiten, kennen geeignete Handwerksbetriebe und kümmern sich um die Beschaffung von Hilfsmitteln. Fallen Beratungsgebühren an, können anerkannte Pflegebedürftige sie von ihrer Pflegekasse erstattet bekommen.

Gibt es keine Wohnberatungsstellen in der Nähe, sollten Ratsuchende bei Wohlfahrtsverbänden oder Pflegediensten nachfragen. Auch manche Wohnungsunternehmen betreiben eigene Beratungsstellen.

Bei Demenz anpassen

Für Menschen mit Demenz sollten die eigenen vier Wände in besonderem Maße sicher und auch beruhigend sein. Dafür können Angehörige spezielle Maßnahmen treffen, wenn sie die Fallstricke kennen.

Bestimmte Bodenbeläge können bei Menschen mit Demenz Ängste auslösen, zum Beispiel blank geputztes Parkett. Sie könnten es für eine Wasser- oder Eisfläche

CHECKLISTE

Wohnung geeignet?

Prüfen Sie mit unserer Checkliste, ob Ihre Wohnung pflegegerecht ausgestattet ist. Manche Maßnahmen lassen sich sofort umsetzen, für andere sind kleine oder größere handwerkliche Arbeiten nötig.

→ Sind alle Teppiche rutschfest verlegt? Lassen sich Stolperfallen wie frei herumliegende Kabel abkleben oder umlegen?

→ Ist die Rutschgefahr in Dusche oder Wanne durch Aufkleber oder eine Matte vermindert?

→ Gibt es Haltegriffe im Bad? Falls nicht: Sind die Wände so stabil, dass sie montiert werden könnten?

→ Kann die pflegebedürftige Person das WC selbstständig benutzen?

→ Hat das Bett die richtige Höhe, um gut aufzustehen? Ist es von drei Seiten zugänglich?

→ Ist die Wohnung ohne Stufen und Schwellen zu erreichen? Ist ein Aufzug vorhanden? Gibt es im Treppenhaus beiderseitig Handläufe?

→ Ist der Flur breit genug für einen Rollator, mindestens 1,20 Meter? Sind die Türen breit genug, mindestens 80, besser 90 Zentimeter?

→ Geht die Badezimmertür nach außen auf? Kann sie von außen entriegelt werden?

→ Hat das Bad eine bodengleiche Dusche? Falls nicht: Kann diese nachgerüstet werden?

→ Ist es möglich, vor dem Waschtisch zu sitzen und sich im Spiegel zu sehen? Gibt es vor WC und Waschbecken eine freie Fläche von mindestens 120 mal 120 Zentimetern?

→ Kann man in der Küche sitzen? Sind die Küchengeräte und Schränke gut erreichbar?

halten und Angst vorm Ausrutschen bekommen. Bunte Wände oder knallige Farben können zusätzlich verunsichern. Um die Orientierung innerhalb der Wohnung zu erleichtern, können Symbole, Beschriftungen und Pfeile an Zimmertüren und Wänden angebracht werden. Zeitliche Orientierung bieten Uhren und Kalender.

Vermieter muss zustimmen

Vor Beginn einer Baumaßnahme brauchen Mieter die Zustimmung der Vermieter. Sie dürfen sie in der Regel nicht verweigern, wenn der Umbau für eine alters- oder behindertengerechte Nutzung der Wohnung oder des Zugangs zu ihr erforderlich ist. Vermieter können aber den Rückbau beim Auszug verlangen und schon jetzt zusätzlich zur Mietkaution eine Sicherheitszahlung für die voraussichtlichen Kosten fordern.

Auch wer in einer Eigentumswohnung lebt, muss Absprachen treffen. Für Veränderungen am Gemeinschaftseigentum kann die Zustimmung der Miteigentümer erforderlich sein. Einen barrierefreien Zugang zur Wohnung, etwa durch den Einbau einer Rollstuhlrampe, können die Miteigentümer aber in der Regel nicht verweigern.

Die Anpassung finanzieren

Wer möglichst barrierefrei leben möchte, muss oft viel Geld investieren. Dafür gibt es finanzielle Hilfen.

Ob kleine oder große Veränderungen in den eigenen vier Wänden – die Kosten müssen Pflegebedürftige selten allein tragen. Wer weiß, welche Finanztöpfe es gibt, kann sie gezielt anzapfen.

Kassen bezuschussen Hilfsmittel

Hilfsmittel erleichtern den Alltag. Dabei wird unterschieden zwischen Gegenständen, die den Pflegebedürftigen selbst dienen. Das sind zum Beispiel Hörgeräte, Gehstöcke, Rollatoren, Rollstühle oder Toilettensitzerhöhungen. Andererseits gibt es Hilfsmittel, die die Pflege erleichtern, die sogenannten Pflegehilfsmittel, wie beispielsweise Pflegebetten und Treppenlifte.

Im Hilfsmittelverzeichnis (hilfsmittel.gkv-spitzenverband.de) listen die gesetzlichen Kranken- und Pflegekassen alle Hilfsmittel auf, die sie bezahlen. Ist ein Hilfsmittel medizinisch notwendig, übernehmen die Kassen die Kosten unabhängig davon.

Gesetzlich Versicherte können Hilfsmittel bei der Begutachtung für einen Pflegegrad oder unabhängig davon bei der Kranken- oder Pflegekasse beantragen. Sofern der Antrag nicht bei der Begutachtung gestellt wird, ist eine ärztliche Verordnung erforderlich. Sie muss innerhalb von 28 Tagen bei der Kasse eingehen, sonst wird sie ungültig.

Oft können Pflegebedürftige schwer einschätzen, ob ihre Kranken- oder Pflegekasse zuständig ist. Eine Rampe bezuschusst die Krankenkasse, einen Treppenlift die Pflegekasse. In der Praxis ist das aber meist kein

Problem. Geht ein Antrag fälschlicherweise an die Krankenkasse, leitet sie ihn weiter an die Pflegekasse und umgekehrt.

Bewilligt die Krankenkasse ein Hilfsmittel, müssen Versicherte normalerweise zwischen 5 und 10 Euro zuzahlen. An Pflegehilfsmitteln müssen sich Pflegebedürftige mit bis zu 25 Euro beteiligen. Verleiht die Kasse es lediglich, wie das bei Pflegebetten häufig der Fall ist, entfällt die Zuzahlung.

Für Privatversicherte gilt der Hilfsmittelkatalog ihrer Versicherung. Einen allgemeinen Katalog für alle Privatversicherten gibt es nicht. Manche privaten Kassen orientieren sich aber am GKV-Hilfsmittelverzeichnis.

Umfangreichere Maßnahmen

Manchmal ist ein größerer Umbau nötig – vor allem bei dauerhafter häuslicher Pflege. Wenn etwa Rampen oder eine bodengleiche Dusche erforderlich werden, kann dies schnell mehrere Tausend Euro kosten.

Für diese Zwecke gibt es spezielle Zuschüsse und Kredite. So beteiligt sich die Pflegeversicherung auf Antrag an baulichen Verbesserungen, etwa Verbreiterungen von Türen oder Umbauten im Bad – vorausgesetzt, die häusliche Pflege wird dadurch erleichtert und der Bewohner hat mindestens Pflegegrad 1. Dann zahlt die Pflegekasse bis zu 4180 Euro pro Maßnahme. Achtung: Die Pflegekasse leistet nicht, wenn sie den Umbau nicht vor Beginn genehmigt hat.

Leben mehrere Pflegebedürftige gemeinsam in einer Wohnung, können sich bis zu vier von ihnen zusammentun und somit bis zu 16640 Euro für den Umbau abrufen. Zusätzlich werden ambulant betreute Pflege-Wohngemeinschaften gefördert, die sich neu zusammenfinden. Für den Umbau einer Wohnung zu diesem Zweck gibt es zusätzlich 2613 Euro pro Person oder maximal 10452 Euro für die gesamte Gemeinschaft.

UNSER RAT

Sicher zu Hause

→ **Umbauen.** In den eigenen vier Wänden sind Sicherheit und Orientierung wichtig. Schon kleine Maßnahmen helfen, damit Pflegebedürftige dort wohnen bleiben können.

→ **Informieren.** Möchten Sie umbauen? Lassen Sie sich beraten, was technisch möglich und förderfähig ist und wie Sie die Gelder abrufen können. Dabei helfen Wohnberatungsstellen und Pflegestützpunkte. Wo Sie sich in Ihrer Nähe beraten lassen können, erfahren Sie im Internet auf: Wohnungsanpassung-bag.de

→ **Finanzieren.** Pflegebedürftige können Zuschüsse von bis zu 4180 Euro pro Umbaumaßnahme bei ihrer Pflegekasse beantragen. Günstige Kredite bietet etwa die KfW-Bank.

Fördermittel von der KfW

Neben den Zuschüssen der Pflegekasse gibt es weitere Investitionszuschüsse, Förderungen und günstige Kredite. Eigentümer und Mieter können von der Kreditanstalt für Wiederaufbau (KfW) im Programm „Altersgerecht Umbauen" (Nummer 159) einen zinsvergünstigten Kredit in Höhe von bis zu 50000 Euro bekommen. Dieser ist unabhängig vom Alter. Beantragt wird er bei Banken oder Sparkassen vor Ort, die Kreditvergabe erfolgt über die staatliche KfW.

Alternativ konnten sich Umbau-Willige lange Zeit von der KfW einen Zuschuss in Höhe von 10 Prozent der Kosten auszahlen lassen. Maximal 2500 Euro waren möglich. Die Mittel des Bundesbauministeriums waren bei Fertigstellung dieses Pflege-Sets aber noch nicht neu bewilligt. Wer Türschwellen beseitigen, das Bad vergrößern oder eine Rampe für den Rollstuhl im Eingangsbereich bauen lassen will, kann sich über die Entwicklungen auf kfw.de, Suchwort: 455-B, auf dem Laufenden halten.

Wichtig: Kredit und Zuschuss für altersgerechtes Umbauen können nicht miteinander kombiniert werden. Möglich sind aber KfW-Zuschüsse und -Kredite für unterschiedliche Zwecke, etwa altersgerechtes Umbauen und Einbau einer neuen Heizung.

Bundesländer und Gemeinden helfen auch

Wer einen Umbau plant, sollte sich vorher unbedingt nach einer Förderung durch das eigene Bundesland oder die Kommune erkundigen. Welche Förderprogramme es gibt und welche Voraussetzungen Antragstellende erfüllen müssen, ist sehr unterschiedlich und ändert sich regelmäßig. Oft sind die Programme auch zeitlich begrenzt. Es kann sich daher durchaus lohnen, die regionalen Fördertöpfe im Blick zu behalten.

Auskünfte hierzu geben Wohnungsämter und Wohnberatungsstellen. Einen ersten Überblick können sich Interessierte in der Förderdatenbank des Bundesministeriums für Wirtschaft und Klimaschutz verschaffen (Foerderdatenbank.de).

Geld vom Sozialamt

Ältere Menschen und Menschen mit einer Behinderung können auch über die sogenannte Eingliederungshilfe finanzielle Mittel beantragen, um eine Wohnung oder ein Haus, in dem sie leben, umbauen zu lassen. Die Förderung ist jedoch abhängig vom Einkommen und Vermögen der Antragstellenden. Die Kosten trägt das Sozialamt. Dort erfahren Sie auch, wer in Ihrem Bundesland für Anträge zur Eingliederungshilfe zuständig ist. Das ist regional unterschiedlich.

Ein Netzwerk für zu Hause

Angehörige müssen die häusliche Pflege nicht allein stemmen. Von der Pflegekasse gibt es Geld für diverse Hilfsdienste. Wichtig ist es, ein Netzwerk aufzubauen.

Mehr als 86 Prozent aller Pflegebedürftigen in Deutschland werden zu Hause versorgt. Das hat das Statistische Bundesamt für das Jahr 2023 ermittelt.

Doch wie lässt sich diese Versorgung organisieren? Wie können Angehörige mithilfe von Dienstleistern entlastet werden? Und wie lassen sich Leistungen der Pflegeversicherung für die Hilfe in den eigenen vier Wänden bestmöglich kombinieren?

„Eine Patentlösung dafür haben wir leider nicht in der Schublade, jeder Fall ist anders“, sagt Carola Urban. Sie arbeitet seit vielen Jahren im Seniorenbüro Dortmund Hörde. Im Stadtgebiet gibt es mehrere dieser Anlaufstellen, in denen Mitarbeiter und

Mitarbeiterinnen der Stadt und von Wohlfahrtsverbänden gemeinsam tätig sind. Eine ihrer Aufgaben: Pflegebedürftige und ihre Angehörigen kostenlos und neutral beraten, zum Beispiel wenn es darum geht, ein Netzwerk aus Hilfsdiensten für ihr Zuhause aufzubauen.

„So eine Beratung dauert meist eine oder auch anderthalb Stunden", sagt Carola Urban. Diese Zeit sollten sich die Familien nehmen, „schließlich ist es nicht leicht, den Überblick zu behalten bei all den Töpfen, aus denen Leistungen der Pflegeversicherung fließen und die sich auf verschiedene Art miteinander verknüpfen lassen".

Diese Leistungen sind möglich

Wird ein Pflegegrad festgestellt, können die Pflegebedürftigen und ihre Angehörigen mit Unterstützung der Pflegeversicherung verschiedene Hilfsdienste für zu Hause in Anspruch nehmen – neben dem Pflegedienst oder „Essen auf Rädern" zum Beispiel auch weniger bekannte Angebote wie die Hilfe durch Pflegebegleiter oder Besuchsdienste.

Die Pflegeversicherung bezuschusst viele Dienstleistungen und zahlt zum Beispiel

- ➜ in allen Pflegegraden den Entlastungsbetrag von 131 Euro im Monat, etwa für Haushaltshilfen oder Begleitdienste, und
- ➜ einen Zuschuss für einen Hausnotruf von bis zu 25,50 Euro im Monat, und
- ➜ einen Zuschuss für Hilfsmittel zum Verbrauch von bis zu 42 Euro im Monat, und
- ➜ ab Pflegegrad 2 ein Pflegegeld von bis zu 990 Euro im Monat für pflegende Angehörige oder andere Ehrenamtliche, oder
- ➜ ab Pflegegrad 2 die Pflegesachleistung von bis zu 2299 Euro im Monat, wenn ein Pflegedienst kommt, oder
- ➜ eine Mischung aus beidem, wenn die Sachleistung nicht ausgeschöpft wird,
- ➜ ab Pflegegrad 2 einen monatlichen Zuschuss für Tages- oder Nachtpflege,
- ➜ ab Pflegegrad 2 weitere Zuschüsse pro Jahr und bei Bedarf.

Eventuell werden Hilfsdienste auch von anderer Stelle gezahlt, beispielsweise von der Krankenkasse oder einer privaten Unfallversicherung.

Leistungen sinnvoll kombinieren

„Ein Ziel unserer Beratung ist es, das Netz aus Hilfsdiensten so zu knüpfen, dass die Pflegebedürftigen die ihnen zustehenden Leistungen ausschöpfen können", sagt Carola Urban. Eine der ersten Fragen, die viele Menschen in der Beratung stellen: Wie lässt sich eine Unterstützung im Haushalt finanzieren?

Liegt mindestens Pflegegrad 1 vor, kann dafür der Entlastungsbetrag von 131 Euro im Monat genutzt werden. Voraussetzung ist, dass es sich um einen zertifizierten Dienstleister handelt, den die Pflegekasse anerkennt. „Wenn die Familien erfahren, dass sie hier in Dortmund für eine Stunde Hausarbeit durch einen anerkannten Dienstleister häufig ab 25 Euro aufwärts zahlen müssen, sind sie oft erst einmal geschockt", sagt Carola Urban. Auch für andere Dienste, beispielsweise Begleitservice zu Ärzten oder Besuchsdienste, können diese Sätze fällig werden.

Übernehmen Ehrenamtliche solche Unterstützungsleistungen, geht es meist deutlich kostengünstiger. Die 131 Euro Entlastungsbetrag können dafür aber nur genutzt werden, wenn der Träger, bei dem die Ehrenamtlichen sich engagieren, von der Pflegekasse anerkannt ist und die ehrenamtlichen Hilfskräfte die dafür notwendigen Schulungen besucht haben.

„Sobald der Entlastungsbetrag aufgebraucht ist, ist es ab Pflegegrad 2 möglich, einen Teil der Pflegesachleistung, der nicht für einen ambulanten Pflegedienst genutzt wurde, umzuwidmen", erklärt Carola Urban. Bis zu 40 Prozent der Sachleistung können – zusätzlich zum Entlastungsbetrag – für die Unterstützung im Alltag genutzt werden. **Beispiel:** Gerda Steiner hat bei Pflegegrad 2 Anspruch auf Sachleistungen in Höhe von 796 Euro im Monat. Sie zahlt für den Pflegedienst 438 Euro monatlich, hat also noch 358 Euro der Sachleistungen übrig. Das sind 45 Prozent des Höchstsatzes. Steiner kann 318 Euro (40 Prozent von 796 Euro) umwidmen in Entlastungsbetrag und zusätzliche Arbeitsstunden ihrer Putzhilfe bezahlen. Die ungenutzten Prozente der Sachleistung lässt sie sich als Pflegegeld auszahlen, also 17 Euro (5 Prozent von 347 Euro).

Weitere Hilfen suchen

Der Entlastungsbetrag kann auch genutzt werden, wenn zum Beispiel die Mitarbeiterin eines Pflegedienstes als Begleitung zum Einkaufen gebucht wird. Lassen sich Pflegebedürftige hingegen Einkäufe nach Hause liefern oder nutzen sie „Essen auf Rädern", zahlt die Pflegekasse nicht.

Beim Thema Essen und Einkaufen gibt es eventuell Handlungsspielräume, die Carola Urban im Laufe einer Beratung anspricht: „Manch einem ist die Portion von Essen auf Rädern zu groß", sagt sie. Könnte es dann die bessere Alternative sein, regelmäßig oder zumindest ab und zu zum Beispiel auf Tiefkühlprodukte von Lieferdiensten zurückzugreifen, die man selbst portionieren kann?

Oder: Ist es notwendig, dass Sohn oder Tochter jede Woche den Einkauf für die Mutter übernehmen? Gibt es auch andere Lösungen, etwa wenn ein Supermarkt in der Nähe einen Lieferservice anbietet? „Dieser Service wird dann vielleicht etwas kosten, doch es bliebe mehr Qualitätszeit, die die Kinder mit den Eltern verbringen können."

Ab und zu raus von zu Hause

Eine große Entlastung für Angehörige und ein echter Mehrwert für Pflegebedürftige kann es sein, wenn zweitere an einzelnen Tagen in der Woche Angebote wie Tages- oder Nachtpflege in Anspruch nehmen. Für solche Angebote zahlt die Versicherung einen Zuschuss zusätzlich zu Pflegegeld und Pflegesachleistung. Die Höhe richtet sich nach dem Pflegegrad. Bei Pflegegrad 2 sind es zum Beispiel 721 Euro monatlich. Das Geld kann für Pflege und Betreuung genutzt werden, aber nicht für Mahlzeiten.

Ein weiterer Zuschuss ist für die Verhinderungspflege möglich – wenn pflegende Angehörigen selbst mal erkranken oder in den Urlaub fahren. Für eine vorübergehende Versorgung im Heim können Pflegebedürftige einen Zuschuss im Rahmen der Kurzzeitpflege erhalten. Beides finanziert die Pflegeversicherung für bis zu acht Wochen im Jahr mit dem Entlastungsbudget in Höhe von maximal 3539 Euro. Der Betrag lässt sich flexibel aufteilen.

Mehr Möglichkeiten

„Vielen Pflegebedürftigen und ihren Angehörigen ist gar nicht bewusst, wie viele Unterstützungsangebote es noch gibt", sagt Carola Urban. Um sie bestmöglich beraten zu können, ist es ihr wichtig, Dienstleister und Angebote vor Ort gut zu kennen. „Netzwerkarbeit ist ein entscheidender Teil unserer Tätigkeit in den Seniorenbüros", sagt sie. Sie möchte auch Spezialangebote der einzelnen Anbieter kennen. „Nur dann kann ich weiterhelfen, wenn etwa eine Familie einen Pflegedienst sucht, wo auch mindestens eine Pflegekraft arbeitet, die Türkisch oder Kroatisch spricht."

Privates Netzwerk

Der Ehepartner, die eigenen Kinder oder auch Freundinnen und Nachbarn: Häufig packen viele Hände aus dem nächsten Umfeld mit an, wenn es darum geht, Pflegebedürftige zu unterstützen, damit sie in den eigenen vier Wänden bleiben können.
Tipp: Lassen Sie sich beraten, zum Beispiel in einem Pflegestützpunkt, von welchen Leistungen Sie als pflegende Angehörige neben dem Pflegegeld profitieren können. So ist es unter anderem möglich, auf Kosten der Pflegekasse einen Pflegekurs mitzumachen. Klären Sie mit den Fachleuten auch, wie sich die verschiedenen Gelder für Sie bestmöglich kombinieren lassen.

Hilfe aus der Klinik

Zeichnet sich während eines Krankenhausaufenthalts eine Pflegebedürftigkeit ab? Dann ist die Klinik bei der Planung der weiteren Versorgung mit im Boot: Das Krankenhaus muss eine lückenlose Anschlussversorgung organisieren und die weitere Pflege und Behandlung regeln. Bei Bedarf stellt es Kontakt zu Pflege- und Hilfsdiensten her. Je nach Klinik kümmern sich speziell geschulte Pflegekräfte oder der Sozialdienst darum.
Tipp: Klären Sie frühzeitig, wie die Klinik Sie unterstützen kann. Dafür müssen Sie dem Entlassmanagement schriftlich zustimmen. Fühlen Sie sich schlecht informiert, scheuen Sie sich nicht, nachzufragen oder sich zu beschweren.

UNSER RAT

Hilfe organisieren

→ **Beratung.** Bevor Sie Ihr Netzwerk aus Hilfsdiensten aufbauen, lassen Sie sich zum Beispiel bei einem Pflegestützpunkt eingehend beraten, welche Zuschüsse der Pflegeversicherung Sie für welchen Dienst nutzen können und wie sich die Leistungen sinnvoll kombinieren lassen.

→ **Auswahl.** Wenn Sie auf der Suche nach einem Dienstleister sind, vergleichen Sie Angebote und Preise. Erkundigen Sie sich am besten auch im Freundes- und Bekanntenkreis nach deren Erfahrungen. Klären Sie mit der Pflegeversicherung, welche Anbieter sie anerkennt.

Pflegebegleitung

Wer Angehörige pflegt, muss viele neue Aufgaben übernehmen, wird Fragen haben und eventuell auch körperlich und emotional an seine Grenzen stoßen. Um den neuen Alltag gut zu bewältigen, können Pflegebegleiter eine Entlastung sein. Sie üben keine pflegerischen Tätigkeiten aus, sondern unterstützen die pflegenden Angehörigen: Sie beantworten Fragen rund um die Pflege, stellen bei Bedarf Kontakte zu Ämtern und Hilfsdiensten her oder trösten.
Tipp: Die meisten Pflegebegleiter und -begleiterinnen engagieren sich ehrenamtlich. Erkundigen Sie sich zum Beispiel vor Ort in Ihrer Stadt oder Gemeinde, ob es ein solches Angebot gibt. Auch Seniorenbüros, Bürgertelefone oder der Wohlfahrtsverband des Vertrauens wissen oft Rat.

Gut verpflegt

Wenn der Weg zum Supermarkt und das Stehen in der Küche zu anstrengend werden, kann ein Menübringdienst den Alltag deutlich erleichtern – unabhängig davon,

INFO

Wohnen für Hilfe

→ Eine weitere Möglichkeit, sich den Alltag zu erleichtern: Sie lassen im Tausch gegen Unterstützung im Haushalt einen Studenten oder eine Studentin bei sich einziehen. „Wohnen für Hilfe" heißt das Projekt, das Wohnpartnerschaften zwischen Jung und Alt vermittelt. Die jungen Leute bekommen ein preisgünstiges Zimmer, die Vermieter Unterstützung beim Rasenmähen, Einkaufen oder Gardinenaufhängen. Behandlungspflege oder medizinische Hilfe dürfen die Studierenden nicht leisten. Das ist Pflegeprofis vorbehalten. Wenn es gut läuft und man sich gut versteht, profitieren beide Seiten. Ein schöner Nebeneffekt: Es ist Leben im Haus.

→ Als Faustregel gilt: Pro Quadratmeter Wohnraum, den sie für sich haben, leisten Studierende eine Stunde Hilfe pro Monat. Das macht für ein 15-Quadratmeter-Zimmer zum Beispiel 15 Stunden Mitarbeit monatlich. Die Nebenkosten wie Strom, Wasser, Gas und eventuell eine Pauschale fürs Internet werden normal bezahlt.

→ Deutschlandweit vermitteln Studierendenwerke in Unistädten „Wohnen für Hilfe" und beraten dazu. Suchen Sie im Internet nach „Wohnen für Hilfe" plus Wohnort. Wenn es in Ihrer Nähe kein Studierendenwerk gibt, können Sie auf eigene Faust Wohnen für Hilfe organisieren, indem Sie über eine Anzeige Interessierte suchen.

ob ein Pflegegrad vorliegt. Das „Essen auf Rädern" wird beispielsweise von Wohlfahrtsverbänden, privaten Trägern, teils auch von Metzgereien, Gaststätten oder Senioreneinrichtungen angeboten. Meist gibt es mehrere Menüs zur Auswahl.

Im Normalfall müssen Sie selbst für Ihr Essen zahlen. Je nach Menü und Anbieter kostet eine warme Mahlzeit zwischen 8 und 12 Euro. Dessert kostet manchmal extra. Können Sie das nicht finanzieren, ist eventuell Unterstützung vom Sozialamt möglich. Diese hängt von Ihrem Einkommen ab.

Wer sich für einen Menübringdienst entscheidet, sollte einige Punkte klären. Wichtig ist neben dem Preis vor allem die Qualität. Schmeckt das Essen, ist das Angebot gesund und abwechslungsreich?
Tipp: Vergleichen Sie am besten mehrere Anbieter und bitten Sie um ein Probemenü. Fragen Sie auch aktiv nach, zum Beispiel: Gibt es kleine Portionen oder Spezialmenüs bei Unverträglichkeiten? Wann wird geliefert? Kostet es am Wochenende extra? Wie weit im Voraus muss das Essen bestellt werden und kann eine Lieferung kurzfristig abbestellt werden? Fordern Sie schriftliches Informationsmaterial an. Bitten Sie auch um eine Styroporbox für zu Hause. Sonst wird das Essen schnell kalt.

Unterstützung im Haushalt

Ob putzen, bügeln oder Hecke schneiden: Manche Aufgaben im Haushalt oder Garten fallen mit den Jahren schwerer oder können nicht mehr bewältigt werden. Dann können Sie die Dienste verschiedener Unternehmen buchen. Je nach persönlicher Situation werden die Kosten eventuell erstattet.
→ **Pflegeversicherung.** Ab Pflegegrad 1 lässt sich für solche Unterstützungsleistungen der Entlastungsbetrag von 131 Euro im Monat nutzen. Das gilt aber nur für anerkannte Dienstleister. Diese können Sie bei der Pflegekasse erfragen. Werden die Sachleistungen für einen Pflegedienst nicht ausgeschöpft, lassen sich bis zu 40 Prozent des Maximalsatzes umwidmen und ebenfalls für die Unterstützung im Haushalt nutzen.
→ **Krankenversicherung.** Eventuell übernimmt die Krankenkasse die Kosten für eine Haushaltshilfe. Das ist zum Beispiel möglich, wenn ein gesetzlich Krankenversicherter, der keinen oder höchstens Pflegegrad 1 hat, nach einem Krankenhausaufenthalt

oder einer ambulanten Operation seinen Haushalt nicht selbst führen kann und es niemanden gibt, der das für ihn übernimmt. Dann kann die Kasse auf Antrag für bis zu vier Wochen eine Haushaltshilfe finanzieren. Bei privat Versicherten besteht dieser Anspruch nicht automatisch. Eine Haushaltshilfe wird nur finanziert, sofern die Leistung im Tarif mitversichert ist.

Tipp: Werden Ihnen die Ausgaben einer Haushaltshilfe nicht erstattet, bleibt zumindest die Möglichkeit, die Ausgaben in der Steuererklärung geltend zu machen, um sich so einen Teil des Geldes zurückzuholen (siehe „Pflegekosten absetzen“, S. 44).

Kontakt nach draußen

Rein praktische Hilfe, etwa beim Duschen, Anziehen oder Essen, ist für viele Pflegebedürftige wichtig. Doch fürs Wohlbefinden braucht der Mensch den Kontakt zu anderen. Soziale Aktivitäten bringen Leben in den Alltag und helfen gegen Einsamkeit.

Das Seniorencafé der Kirchengemeinde, die Teilnahme am Tanznachmittag im benachbarten Seniorenstift oder spezielle Sportkurse für Ältere sind typische Angebote, die Körper und Seele gut tun. Viele Ältere freuen sich auch, wenn regelmäßig jemand zum Vorlesen nach Hause kommt, sie zum Arzt begleitet oder mit ihnen eine Runde durch den Park geht. Das können Angehörige, Freunde oder Nachbarn sein. Manchmal engagieren sich Ehrenamtliche und auch Dienstleister machen Angebote.

Tipp: Erkundigen Sie sich bei der Kirchengemeinde, bei Wohlfahrtsverbänden, Freiwilligenagenturen oder in Pflegeberatungsstellen und Seniorenbüros nach passenden Angeboten in der Umgebung. In vielen Städten gibt es ein Beratungstelefon speziell für Senioren, wo Interessierte alle Optionen der Umgebung erfahren können. Werden Kosten für den Einsatz eines Besuchs- oder Begleitdienstes fällig, können Sie dafür ab Pflegegrad 1 den Entlastungsbetrag von 131 Euro im Monat nutzen, sofern der Anbieter dafür anerkannt ist. Eventuell können Sie für die Entlastungsdienste auch einen Teil der Pflegesachleistungen umwidmen.

Auszeiten von der Pflege

Wünschen sich Pflegebedürftige mehr Kontakte, ist vielleicht der Besuch einer Tagespflegeeinrichtung an einzelnen Tagen der Woche möglich. Diese bieten Pflege, Mahlzeiten, Sport, therapeutische und soziale Hilfe, oft ist auch ein Fahrdienst buchbar. Für Pflegebedürftige kann das eine willkommene Abwechslung sein, für Angehörige eine enorme Entlastung.

Möglich ist auch eine Nachtvariante: Der Tag wird zu Hause verbracht, aber die Nacht in einer Pflegeeinrichtung. Das ist sinnvoll, wenn pflegende Angehörige sonst keinen erholsamen Schlaf finden, zum Beispiel weil eine Demenz-Erkrankung Mutter oder Vater in der Nacht unruhig werden lässt. In der Nachtpflege gibt es sichere Laufwege, Nachtcafés, Beschäftigung und Betreuung.

Ab Pflegegrad 2 bezuschusst die Pflegeversicherung den Besuch von Tages- und Nachtpflege. Diesen Zuschuss, dessen Höhe sich nach dem Pflegegrad richtet, gibt es zusätzlich zum Pflegegeld und/oder zu den Pflegesachleistungen. Mahlzeiten müssen selbst bezahlt werden.

Die Pflegeversicherung unterstützt Familien außerdem, wenn Pflegende selbst krank werden oder eine Auszeit brauchen. In diesem Fall bezuschusst die Kasse die Verhinderungspflege (siehe „Verhinderungspflege“, S. 68) und die Kurzzeitpflege (siehe „Kurzzeitpflege“, S. 38).

Vielseitige Hilfe

Oft klappt die Versorgung zu Hause am besten mit vielen Helferinnen und Helfern: Angehörige, Pflegedienst, Reinigungskraft, dazu Ehrenamtliche aus der Kirchengemeinde und Essen auf Rädern.
Tipp: Es ist bequem, viele Leistungen aus einer Hand zu haben, also zum Beispiel einen Anbieter zu wählen, der sich um die Pflege, den Haushalt, den Begleitservice und auch noch um den Notruf kümmert. Manchmal ist das auch die beste Option. Aber wenn die Basisversorgung steht, ist es oft geschickter, für einzelne Leistungen nach besseren Alternativen zu suchen, die günstiger sind, sympathischere Kräfte haben oder besser zu Ihrer Situation passen. Nutzen Sie neutrale Beratungsangebote und hören Sie dann auf Ihr Bauchgefühl.

Pflegezeit: Auszeit im Job für die Pflege

Braucht ein Familienmitglied plötzlich Hilfe, können Angehörige ihre Arbeitszeit reduzieren. Der Staat hilft mit Geld, um den Verdienstausfall zumindest etwas zu kompensieren.

Menschen, die Angehörige pflegen, stehen meist vor der großen Frage: Wie lassen sich Job und Pflege miteinander vereinbaren? Angestellte und Beamte haben bis zu vier verschiedene Optionen, um Pflegezeiten zu nehmen und ihre Arbeitszeit im Job an die Bedürfnisse der Pflege anzupassen.

Kurzpflegezeit: Für den Notfall

In einer akut auftretenden Pflegesituation können Angestellte von heute auf morgen bis zu zehn Tage freinehmen. Stürzt zum Beispiel eine Familienangehörige und benötigt deshalb zukünftig Pflege, können Angehörige die kurzzeitige Arbeitsverhinderung nutzen, um einen Pflegedienst zu suchen. Eine Antragsfrist gibt es nicht. Sie müssen dem Arbeitgeber nur sofort Bescheid geben. Der kann nicht Nein sagen, aber die Vorlage eines Attests verlangen. Darin muss ärztlich bestätigt sein, dass die Angehörige durch den Notfall voraussichtlich pflegebedürftig wird (mindestens Pflegegrad 1) und die Hilfe des Arbeitnehmers akut nötig ist.

Die zehn Tage Arbeitsverhinderung gelten pro pflegebedürftiger Person und dürfen auch unter Helfenden aufgeteilt werden, etwa unter Geschwistern. Verschlechtert sich der Zustand der pflegebedürftigen Person, ist später einmal pro Kalenderjahr erneut ein Antrag auf kurzzeitige Arbeitsverhinderung möglich. Brauchen beide Eltern gleichzeitig Hilfe, gibt es 20 Tage.

Geld von der Pflegekasse

Damit die Pflegeperson nicht ohne Gehalt dasteht, kann sie bei der Pflegeversicherung der hilfebedürftigen Person Pflegeunterstützungsgeld beantragen. Sie erhält 90 Prozent des ausgefallenen Nettogehalts. Gab es in den vergangenen zwölf Monaten zusätzlich Einmalzahlungen wie Weihnachtsgeld, steigt der Satz auf 100 Prozent des Lohnausfalls. Der Höchstbetrag ist allerdings gedeckelt. Im Jahr 2026 sind es 135,63 Euro pro Tag. Renten- und Krankenversicherungsbeiträge werden davon noch abgezogen.
Beispiel: Als die Mutter von Martina Müller stürzt, nimmt sie zehn Tage kurzzeitige Arbeitsverhinderung, um die Versorgung zu koordinieren, und verdient dadurch netto 600 Euro weniger. Bei der Pflegekasse ihrer Mutter beantragt sie Pflegeunterstützungsgeld. Von 540 Euro werden 96 Euro Beiträge abgezogen, sie erhält also 444 Euro.

Mit Pflegegrad: Bis zu sechs Monate frei

Ist die akute Notsituation vorbei und der Pflegegrad festgelegt, können pflegende Angehörige für eine Pflege im häuslichen Umfeld sechs Monate Pflegezeit nehmen. Einen Rechtsanspruch darauf hat aber nur,

➔ wer in einem Unternehmen mit mindestens 16 Beschäftigten arbeitet und

➔ wenn mindestens Pflegegrad 1 für die pflegebedürftige Person feststeht.

Die sechsmonatige Pflegezeit muss zehn Arbeitstage vor Beginn beim Betrieb schriftlich beantragt werden. Wer sie nutzen will, sollte also möglichst die Anträge auf kurzzeitige Arbeitsverhinderung und Pflegezeit gleichzeitig stellen. Im Antrag für die Pflegezeit sollte stehen, wie lange sie dauern soll, denn auch weniger als sechs Monate sind möglich. Wer seine Arbeitszeit nur reduziert (Pflegeteilzeit), muss angeben, wie die Arbeitsstunden verteilt werden sollen. Eine Ablehnung ist nur möglich, wenn dringende betriebliche Belange dagegensprechen.

UNSER RAT

Das steht Ihnen zu

➔ **Angestellte.** Die Möglichkeiten, um für die Pflege eines Angehörigen die Arbeitszeit im Job zu reduzieren, finden Sie in der Tabelle „Viermal Auszeit vom Job", S. 64). Wer bis zu 6 Monate Pflegezeit oder bis zu 24 Monate Familienpflegezeit nimmt, kann vom Staat ein zinsloses Darlehen erhalten, um den Lohnausfall etwas auszugleichen. Infos dazu auf bafza.de.

➔ **Beamte.** Für Beamte gelten zum Teil leicht abweichende Regeln. Ein Bundesbeamter etwa erhält für akut auftretende Pflegefälle nicht zehn, sondern nur bis zu neun Tage frei. Fragen Sie Ihre Personalstelle nach den Details.

Familienpflegezeit: Bis zu zwei Jahre

Vor, nach oder statt der Pflegezeit ist noch die Familienpflegezeit möglich. Dabei reduzieren Pflegende ihre Arbeitszeit für bis zu zwei Jahre. Mindestens 15 Wochenstunden müssen sie im Durchschnitt arbeiten. Anspruch haben Beschäftigte in Betrieben mit mindestens 26 Mitarbeitenden. Werden Pflege- und Familienpflegezeit kombiniert, müssen sie direkt aufeinander folgen. Die Gesamtpflegezeit darf 24 Monate dauern.

Während der Familienpflegezeit erhalten Beschäftigte ein höheres Gehalt, als ihre Arbeitszeit hergibt. Das ist gesetzlich festgelegt und soll den Verdienstausfall abpuffern. Nach der Familienpflegezeit bleibt das Gehalt niedriger, bis der Vorschuss zurückgezahlt ist. Beamte können diese Option auch bei der Pflegezeit nutzen.

Viermal Auszeit vom Job für die Pflege

Wollen Sie Ihre Arbeitszeit reduzieren, um mehr Zeit für die Pflege eines Angehörigen zu haben, bieten sich bis zu vier Möglichkeiten.

Auszeit für Pflege	**Kurzzeitige Arbeitsverhinderung**	**Pflegezeit**	**Familienpflegezeit**	**Betrieblicher Sonderurlaub** für die Pflege
Wie lange ist eine Freistellung möglich?	**Zehn Tage** bei akut auftretender Pflegebedürftigkeit von nahen Angehörigen. Bei Verschlechterungen erneut möglich, aber maximal einmal pro Jahr und pflegebedürftiger Person.	**Drei Monate** zur Sterbebegleitung. Wenn absehbar ist, dass die pflegebedürftige Person nicht mehr lange lebt. **Sechs Monate** zur Pflege von Angehörigen mit Pflegegrad in häuslicher Umgebung.	**24 Monate** zur Pflege von Angehörigen mit Pflegegrad in häuslicher Umgebung.	**Tage oder Monate** je nach Tarifvertrag des Betriebes.
Gibt es finanzielle Hilfen?	Pflegekasse oder private Krankenversicherung der Pflegebedürftigen zahlt zehn Tage lang **Pflegeunterstützungsgeld**, abhängig von Lohnhöhe, maximal 128,63 Euro pro Tag.	Für die Zeit der Freistellung gewährt das Bundesamt für Familie und zivilgesellschaftliche Aufgaben (bafza.de) ein **zinsloses Darlehen**. Das Darlehen beträgt maximal 50 Prozent des durch die Arbeitszeitreduzierung weggefallenen Nettolohns und wird in Raten ausgezahlt. Innerhalb von 48 Monaten nach Beginn der Freistellung muss es zurückgezahlt werden. In Härtefällen können die Raten gestundet oder teilweise erlassen werden.		Wenige Tage bezahlten Urlaub oder mehrere Monate unbezahlten Urlaub.
Was muss ich tun?	Sie müssen die Auszeit dem Arbeitgeber **sofort mitteilen**. Auf Verlangen müssen Sie ein ärztliches Attest über die voraussichtliche Pflegebedürftigkeit der Angehörigen vorlegen. Das kann nachgereicht werden.	Sie müssen dem Arbeitgeber spätestens **zehn Tage** vor Beginn der Pflegezeit schriftlich den Umfang der künftigen Arbeitszeit mitteilen. Eine Vorlage der Bescheinigung über den Pflegegrad der Angehörigen ist notwendig.	Sie müssen Familienpflegezeit spätestens **acht Wochen** vor Beginn schriftlich ankündigen und die Bescheinigung über den Pflegegrad vorlegen. Die Mindestarbeitszeit sind 15 Wochenstunden. Wer erst Pflege- und dann Familienpflegezeit nehmen will, muss das spätestens **drei Monate** vor Beginn der Familienpflegezeit ankündigen.	Im Tarifvertrag oder in der Betriebsvereinbarung können Sie nachlesen, welche Regeln für Pflege-Sonderurlaub gelten.
Rechtsanspruch auf Freistellung?	Ja. Die Betriebsgröße spielt keine Rolle.	Ja, wenn der Betrieb mindestens 16 Beschäftigte hat.	Ja, wenn der Betrieb mindestens 26 Beschäftigte hat.	Hängt von Tarifvertrag/Betriebsvereinbarung ab.
Wer hat Anspruch?	Nahe Angehörige: Großeltern, Eltern, Stiefeltern, Schwiegereltern, Geschwister, Ehepartner, eingetragene Lebenspartner, Partner in einer eheähnlichen Lebensgemeinschaft, Schwägerinnen und Schwäger, eigene Kinder, Schwiegerkinder und Enkelkinder, Adoptiv- und Pflegekinder. **Pflegezeit** gibt es auch für Kinder, Adoptiv- und Pflegekinder des Partners oder der Partnerin.			Angestellte.

Verdienstausfall in Pflegezeit

Wer den Verdienstausfall während einer Pflegezeit abpuffern möchte, kann beim Bundesamt für Familie und zivilgesellschaftliche Aufgaben (BAFZa) ein zinsloses Darlehen beantragen. Es darf bis zu 50 Prozent Ihres Lohnausfalls ausgleichen. Bei der Berechnung hilft Ihnen der Familienpflegezeit-Rechner auf wege-zur-pflege.de.

Das Darlehen muss später, üblicherweise innerhalb von 48 Monaten nach Beginn der pflegebedingten Arbeitszeitreduzierung, in Raten zurückgezahlt werden.

Eine Alternative: Wer in der Vergangenheit zum Beispiel viele Überstunden auf einem Zeitkonto angesammelt hat, kann diese Stunden auch für eine Pflegephase nutzen, um sich bei voller Bezahlung um die Pflege kümmern zu können.

Pflegekurse: Fit für den neuen Alltag

Angehörige können den Umgang mit Pflegebedürftigen auf Kosten der Pflegekasse trainieren. Es gibt auch Spezialkurse, beispielsweise zum Thema Demenz.

Fünf Frauen und ein Mann sind im Seminarraum des Klinikums Bielefeld zusammengekommen. Sie alle versorgen Angehörige, die an Demenz erkrankt sind. Vor ihnen liegt der zweite von drei Kursabenden. Ein Thema dieses Abends: besser verstehen, was im Kopf der Erkrankten passiert. Warum verhält sich der Vater, die Mutter oder der Ehepartner in bestimmten Situationen genau so, wie er oder sie es tut, und wie können die Angehörigen in Krisensituationen möglichst gut auf die Erkrankten eingehen?

Um Fragen wie diese zu beantworten, haben die Kursteilnehmenden beim ersten Treffen in der Vorwoche eine kleine Hausaufgabe bekommen. Sie sollten den Lebenslauf ihrer erkrankten Angehörigen skizzieren: Was hat sie geprägt? Welche wichtigen Einschnitte gab es in ihrem Leben und welche schönen Erlebnisse? Anhand dieser Informationen wollen die Kursleiterinnen Isabella Kapinos und Manuela Hahm herausarbeiten, wie die Pflegenden in verschiedenen Alltagssituationen individuell passend auf die Erkrankten eingehen können.

Schon als die erste Teilnehmerin den Lebenslauf ihrer Mutter vorstellt, ergibt sich ein lebhaftes Gespräch im Seminarraum: Ihre Tischnachbarn erkennen Parallelen, bringen ihre Erfahrungen und Tipps ein, sprechen Probleme an, die sie häufig mit den an Demenz Erkrankten haben.

„Genau das ist eine Chance, die diese Kurse bieten", sagen die Kursleiterinnen. Sie sind ausgebildete Krankenschwestern, die seit mehreren Jahren neben ihrem Dienst auf Station noch Pflegekurse im Bielefelder Klinikum leiten. „Neben den theoretischen und praktischen Inhalten, die wir vermitteln, haben die Teilnehmenden die Möglichkeit, sich auszutauschen und von den Erfahrungen der anderen zu profitieren." Eine Gruppengröße von sechs Personen eigne sich dafür sehr gut.

Rechtsanspruch auf Pflegekurs

Für die Insgesamt zwölf Unterrichtsstunden müssen die Teilnehmenden nichts bezahlen. Denn per Gesetz haben Angehörige einen Anspruch darauf, auf Kosten der Pflegekassen einen oder mehrere Pflegekurse zu besuchen. Das ist im Sozialgesetzbuch XI so geregelt.

Neben dem Spezialkurs zum Thema Demenz bietet das Klinikum einen Grundlagenkurs zur Pflege an. Dieser enthält deutlich mehr praktische Elemente, denn hier geht es beispielsweise darum, Pflegetechniken wie das richtige Heben oder Lagern von Pflegebedürftigen einzuüben. Auch Pflegehilfsmittel werden in den Basiskursen vorgestellt und teils der Umgang damit geübt. Zudem geht es darum, nach Lösungen für typische Probleme im Pflegealltag zu suchen.

So ein Kurs kann gerade für diejenigen hilfreich sein, die die Pflege eines Angehörigen beispielsweise nach einem Klinikaufenthalt neu übernehmen und sich in den geänderten Alltag noch einfinden müssen. „Zuletzt hatten wir allerdings mehrfach Anfragen, wieder einmal einen Spezialkurs zum Umgang mit Demenz anzubieten", sagt Isabella Kapinos. Wegen der hohen Nachfrage wurde der ursprüngliche Plan geändert und statt des Basiskurses der Spezialkurs angeboten.

Allen Beteiligten soll geholfen werden

Ziel der Pflegekurse ist es, so steht es im Gesetz, die Pflege und Betreuung zu erleichtern und zu verbessern sowie pflegebedingte körperliche und seelische Belastungen zu mindern und ihrer Entstehung vorzubeugen. Das Angebot richtet sich an Angehörige und sonstige an einer ehrenamtlichen Pflegetätigkeit interessierte Personen.

Die Pflegekassen können die Kurse entweder selbst oder gemeinsam mit anderen Pflegekassen anbieten oder aber jemand anderen damit beauftragen, zum Beispiel die Krankenhäuser, aber auch Wohlfahrtsverbände und ambulante Pflegedienste. Krankenkassen und andere soziale Träger bieten auch Online-Pflegekurse an.

In der Klinik und dann zu Hause weiterlernen

Die Schulung der Angehörigen muss allerdings nicht mit drei Kursabenden abgeschlossen sein. Im Gesetz heißt es, dass auf gemeinsamen Wunsch von pflegender und pflegebedürftiger Person eine Schulung auch in der häuslichen Umgebung stattfinden kann. Das ist besonders sinnvoll, wenn der Umgang mit Hilfsmitteln direkt dort geübt werden soll.

Isabella Kapinos und Manuela Hahm übernehmen auch solche häuslichen Pflegetrainings. „Wenn Patienten in der Klinik sind und sich ein Pflegebedarf abzeichnet, nehmen wir, wenn möglich, gleich Kontakt mit den Angehörigen auf", sagt Manuela Hahm. Ein erstes Training, bei dem zum Beispiel wichtige Handgriffe gezeigt werden, finde dann häufig bereits am Klinikbett statt. „Nach der Entlassung besteht für bis zu sechs Wochen die Möglichkeit, mithilfe von uns Trainerinnen die Pflege im häuslichen Umfeld zu üben." Eine Trainingseinheit dauert eigentlich eine Dreiviertelstunde, „häufig aber auch länger", sagt Manuela Hahm und fügt hinzu: „Dann brechen wir nicht einfach ab."

Gerade diese Trainings zu Hause sieht Katharina Gröning, Professorin für Erziehungswissenschaften an der Universität Bielefeld, als wichtige Voraussetzung für einen gelungenen Übergang eines Patienten in die häusliche Pflege. Die Pflegetrainings sind ein wichtiger Baustein im Rahmen des „Modellprogramms Familiale Pflege". Im Rahmen dieses Programms hat die Universität Bielefeld mehr als zehn Jahre lang die Angebote für pflegende Angehörige von mehr als 400 Kliniken weiterentwickelt und wissenschaftlich begleitet. „Dabei hat sich gezeigt, dass es bis zu sechs Wochen dauert, bis sich die Familien in den neuen Alltag eingefunden haben, bis der gesamte Rahmen für die Pflege zu Hause richtig steht." Wichtig sei, dass sie über diesen gesamten Zeitraum Unterstützung bekommen, um in der neuen Situation anzukommen und sich im Alltag beispielsweise mit den Hilfsmitteln vertraut zu machen.

UNSER RAT

Trainieren hilft

→ **Angebot.** Nutzen Sie die Möglichkeit, kostenlos einen Pflegekurs für Angehörige zu besuchen. So können Sie sich praxisnah auf den Pflegealltag vorbereiten. Außerdem haben Sie die Chance, sich mit Angehörigen in vergleichbarer Situation auszutauschen. Im weiteren Verlauf der Pflege können Sie weitere Kursangebote nutzen.

→ **Auswahl.** Überlegen Sie, welche Art von Kurs Ihnen am meisten bringt. Vielerorts und auch im Netz gibt es unterschiedliche Angebote, neben Basiskursen zum Beispiel Angebote zu Spezialthemen, etwa zu bestimmten Erkrankungen.

→ **Pflegetraining.** Versuchen Sie, es nicht nur bei einem Kurs in Schulungsräumen zu belassen. Pflegen Sie einen Angehörigen zu Hause, klären Sie, ob dort auch ein Pflegetraining möglich ist.

Pflegende müssen auf sich selbst achten

Eine weitere wichtige Voraussetzung, damit der Alltag zu Hause funktionieren kann: Pflegende Angehörige müssen auch auf sich selbst achten. Sie brauchen ihre eigenen Freiräume und Erholungsphasen. „Deshalb informieren wir an unserem dritten Kursabend zum Beispiel auch über Hilfsangebote für pflegende Angehörige und darüber, welche Leistungen die Pflegeversicherung für sie übernimmt. Und wir geben den Pflegenden hilfreiche Instrumente an die Hand, wie sie sich selbst pflegen können", sagt Isabella Kapinos.

Die sechs Teilnehmenden im Pflegekurs mit Schwerpunkt Demenz sind sich einig, dass schon der Austausch mit den anderen Betroffenen eine große Hilfe ist. „Das gehört zu unseren Kursen unbedingt dazu", sagt Isabella Kapinos. „Dabei erleben wir oft, dass auch Tränen fließen. Das ist keine Schande." Es sei im Gegenteil sogar oft wohltuend, endlich einmal vollumfänglich verstanden zu werden. Die Pflegenden verstehen einander und das Verständnis für die Krankheit und manche zunächst unverständlichen Entwicklungen der eigenen Verwandten wächst. Wenn dann noch Ideen ausgetauscht werden können, welche kleinen Tricks bei welchen Schwierigkeiten jemandem weitergeholfen haben, dann ist es ein voller Erfolg für alle Beteiligten.

Verhinderungspflege: Urlaubszeit für Pflegende

Auch pflegende Angehörige brauchen mal Urlaub, um sich zu erholen. Eine Vertretung wird bezahlt.

Wer jemanden zu Hause versorgt, weiß: Pflege ist anstrengend und zehrt an den Kräften. Regelmäßige kleine Auszeiten sind wichtig, um durchzuatmen und neue Energie zu sammeln. Wer dauerhaft überlastet ist und sich keine Pausen gönnt, wird ungeduldig, schließlich selbst krank und riskiert, länger auszufallen. Um die Versorgung von Pflegebedürftigen auch gewährleisten zu können, wenn die Haupt-Pflegeperson eine Auszeit nimmt, hat der Gesetzgeber einen Anspruch auf Entlastung für Pflegende geschaffen: die Verhinderungspflege.

Pflege rund um die Uhr

Wie sie funktioniert, zeigt das Beispiel von Hannelore Fuchs. Es ist schon einige Jahre alt, dient aber immer noch als gutes Beispiel für viele Familien in Deutschland.

Hannelores Mann Joachim war an Demenz erkrankt, die Krankheit schritt zunehmend voran und schließlich brauchte er permanent ihre Unterstützung. Die beiden lebten in einer Mietwohnung in Zeuthen nahe Berlin. Sobald Joachim Fuchs allein in der Wohnung war, lief er panisch umher. Also sorgte Hannelore Fuchs dafür, dass sie möglichst immer da war. Und sie machte alles selbst. Die Eheleute hatten weder eine Haushaltshilfe noch einen ambulanten Pflegedienst. Gelegentliche Unterstützung gab es von der Tochter, doch die hatte selbst viel um die Ohren und konnte ihre Eltern kaum unterstützen. Über Jahre hinweg war das der Alltag für das Ehepaar Fuchs.

Ehefrau musste selbst in die Klinik

Schwierig wurde es, als etwas außerplanmäßig lief. Eines Tages brauchte Hannelore Fuchs nämlich selbst medizinische Hilfe. Sie hatte große Probleme beim Laufen, musste zu einer Hüftoperation ins Krankenhaus. Es war absehbar, dass sie im Anschluss eine Reha-Maßnahme mitmachen sollte. Fünf Wochen würde sie nicht zu Hause sein. Das bereitete ihr Sorge, denn es war klar: „Ich kann meinen Mann nicht dorthin mitnehmen, ihn aber auch nicht alleine zu Hause lassen." Weder Familienmitglieder noch Freundinnen oder Nachbarn konnten sich in ihrer Abwesenheit um ihn kümmern.

Entlastung für pflegende Angehörige

Um einen Klinik- und Rehaaufenthalt wie den von Hannelore Fuchs zu überbrücken, kann eine Ersatzpflege in den eigenen vier Wänden organisiert werden. Die Kosten für diese Verhinderungspflege werden bis zu einer bestimmten Höhe von der Pflegeversicherung erstattet, wenn die pflegebedürftige Person mindestens Pflegegrad 2 hat. Das geht für mehrere Wochen oder auch stundenweise, wenn Pflegende mal zum Sport wollen, selbst ärztliche Hilfe benötigen oder einen dringenden Behördentermin haben.

Die Voraussetzungen für Verhinderungspflege waren jahrelang sehr kompliziert. Mit dem neuen Entlastungsbudget, das seit Juli

2025 gilt, ist es deutlich leichter geworden, Verhinderungspflege zu beantragen. Folgende Bedingungen müssen erfüllt sein:

➔ Pflegebedürftige sind mindestens in Pflegegrad 2 eingestuft.

➔ Die Pflegeperson darf nicht erwerbsmäßig tätig sein, wie etwa Betreuungskräfte aus Osteuropa oder Pflegeassistenten.

➔ Die Pflegeperson muss der Versicherung bekannt sein. Wer erst kürzlich zu pflegen angefangen hat, sollte sich umgehend als Pflegeperson registrieren lassen.

➔ Die Pflegeperson muss wegen Urlaubs, Krankheit oder anderer vergleichbarer Gründe an der Pflege gehindert sein.

➔ Der Hinderungsgrund ist kein regelmäßiger, beruflicher Termin.

Sind diese Voraussetzungen erfüllt, lässt sich Verhinderungspflege schriftlich, meist per Online-Formular, bei der Pflegekasse beantragen. Das geht im Vorhinein und bis zu vier Jahre rückwirkend.

Gut zu wissen: Seit Januar 2024 gibt es die Möglichkeit, pflegebedürftige Angehörige zu einer Reha-Maßnahme mitzunehmen. Der Bedarf muss rechtzeitig angemeldet und die nötigen Leistungen geklärt werden. Eine feste Vorpflegezeit, die früher als Voraussetzung nötig war, gibt es nicht mehr.

Privater oder professioneller Ersatz möglich

Sind die gesetzlichen Anforderungen erfüllt, zahlt die Pflegeversicherung im Jahr bis zu 3 539 Euro für eine Ersatzpflegeperson. Das kann wahlweise eine Privatperson sein, wie andere Angehörige, eine Freundin oder ein Nachbar. Oder für die Ersatzpflege wird ein Pflegedienst oder ein anderer Hilfsdienst gebucht. In allen Fällen lässt sich die Verhinderungspflege aus dem gemeinsamen Entlastungsbudget finanzieren.

UNSER RAT

Eine Auszeit beantragen

➔ **Entlastung.** Wenn Sie jemanden pflegen, brauchen Sie Auszeiten. Ab Pflegegrad 2 besteht Anspruch auf Ersatzpflege – pro Jahr bis zu acht Wochen sowie stundenweise. Sowohl professionelle Pflegekräfte als auch Freunde und Verwandte können einspringen.

➔ **Anspruch.** Die Pflegeversicherung zahlt maximal 3539 Euro pro Jahr. Seit Juli 2025 gilt dieser Gesamtbetrag, das sogenannte Entlastungsbudget, für Verhinderungs- und Kurzzeitpflege zusammen. Pflegebedürftige können es flexibel im Laufe eines Kalenderjahres aufteilen.

➔ **Antrag.** Die Kosten für die Ersatzpflege bekommen Sie auf Antrag von der Pflegeversicherung erstattet – auch rückwirkend. Das Formular gibt es auf der Internetseite der Versicherung.

Gemeinsames Budget mit Kurzzeitpflege

Das Entlastungsbudget gibt es in der aktuellen Form erst seit dem 1. Juli 2025. Es bündelt die vorher getrennten Beträge für Verhinderungs- und Kurzzeitpflege (siehe „Kurzzeitpflege“, S. 38). Pflegebedürftige können beide Varianten der Ersatzpflege, also die Verhinderungspflege zuhause und die Kurzzeitpflege als vorübergehende Versorgung in einem Pflegeheim, nun flexibel mit dem Budget finanzieren. Der Betrag von bis zu 3 539 Euro gilt dabei pro Kalenderjahr. Insgesamt können damit bis zu acht Wochen an Ersatzpflege mitfinanziert werden.

Gut zu wissen: Wird die Verhinderungspflege stundenweise genutzt, etwa weil Pflegende selbst einen Termin bei ihrer Ärztin oder in einer Behörde haben, dann wird die Zeit nicht auf die acht Wochen angerechnet. Lediglich das Geld, das die Ersatzpflegekraft erhält, wird vom Jahresbudget abgezogen.

Was genau Pflegekräfte für die Zeit der Ersatzpflege erhalten, kommt auf die Umstände an. Privatpersonen können eine Pauschale beantragen oder tatsächlich entstandene Kosten, etwa Fahrtkosten, geltend machen. Pflegedienste rechnen ganz normal ihre Leistungen ab.

Gut zu wissen: Wenn ein Pflegedienst im Zuge der Verhinderungspflege kommt, rechnet er die erbrachten Leistungen über das Entlastungsbudget ab. Der Betrag für Sachleistungen wird dadurch nicht gekürzt.

Bis zu acht Wochen im Jahr

Seit Juli 2025 gibt es Verhinderungspflege ebenso wie die Kurzzeitpflege für bis zu acht Wochen im Jahr. Sie muss nicht am Stück genommen werden, sondern kann beliebig auf einzelne Wochen, Tage oder Stunden aufgeteilt werden. Wer Pflegegeld erhält, bekommt es während der Zeit der Verhinderungspflege zur Hälfte weiterbezahlt. Der Zeitraum lässt sich unterschiedlich nutzen:

- ➔ Eine Ersatz-Pflegeperson kann die Pflegebedürftigen zu Hause pflegen.
- ➔ Für die Zwischenzeit kann ein ambulanter Pflegedienst engagiert werden.
- ➔ Die Pflegebedürftigen können die Verhinderungspflege in einer anderen Wohnung oder einer Tagespflegeeinrichtung erhalten, in Ausnahmefällen auch in einem Heim.

Herr Fuchs ging ins Pflegeheim

Hannelore Fuchs sah keine andere Möglichkeit, als ihren Mann im Pflegeheim versorgen zu lassen, während sie im Krankenhaus und in der Reha war. Bis dahin hatte er allerdings noch gar keinen Pflegegrad: „Nur weil ich weg musste und mein Mann nicht ohne Versorgung in unserer Wohnung bleiben konnte, habe ich mich überhaupt erst mit der Pflegekasse auseinandergesetzt."

Um die Verhinderungspflege nutzen zu können, stellte sie als Bevollmächtigte bei der Pflegekasse ihres Mannes einen Antrag auf Leistungen. Diese bewilligte ihm Pflegegrad 3. Sofort beantragte Hannelore Fuchs für fünf Wochen Verhinderungspflege. Auch die wurde genehmigt und sie war beruhigt. Ihrer Operation stand nichts mehr im Wege. Krankenhaus, Rehazentrum und Pflegeheim lagen nah beieinander. „Wenn er mich doch brauchte, konnte ich schnell vor Ort sein."

Sich stundenweise vertreten lassen

Manchmal brauchen Pflegende nur für ein paar Stunden eine Auszeit, zum Beispiel wegen eines Arzttermins. Auch das ist möglich. Die Vorteile: Das Pflegegeld wird normal bezahlt und die Zeit zählt nicht zur Maximaldauer von acht Wochen im Jahr.

Wenn pflegende Angehörige diese Vorteile nutzen möchten, muss die Ersatzpflege aber pro Tag weniger als acht Stunden betragen. Entscheidend ist, wie lange die sonst pflegende Person abwesend ist.

Beispiel: Eine Tochter pflegt ihren Vater. Sie geht zu einer Fortbildung und ist dafür neun Stunden unterwegs. In der Zeit kommt ein Pflegedienst zwei Mal zum Vater und bleibt jeweils eine Stunde. Da die Tochter mehr als acht Stunden außer Haus war, wird ein Tag Verhinderungspflege von möglichen 56 Tagen im Jahr abgezogen. Das Pflegegeld wird für den Tag hälftig gekürzt. Wäre sie nur sechs Stunden unterwegs, würde der Tag nicht angerechnet, sondern nur das Geld für den Dienst vom Jahresbudget abgerechnet. Wie lange der Pflegedienst jeweils bleibt, ist unerheblich.

INFO

Stationäre Vorsorgekur für pflegende Angehörige

Die Verantwortung für einen hilfebedürftigen Menschen, die Sorge, immer funktionieren zu müssen, und die körperliche Anstrengung erzeugen einen Druck, der oft zulasten der eigenen Gesundheit geht. Erschöpfung, Schlafstörungen oder Rückenschmerzen können die Folge sein. Pflegende Angehörige haben daher die Möglichkeit, im Rahmen einer Kur für ihre Gesundheit vorzusorgen. Sie soll Pflegenden helfen, langfristig gesund zu bleiben. Anspruch darauf haben gesetzlich versicherte Pflegende.

→ **Dauer.** Der Kuraufenthalt dauert im Regelfall drei Wochen. Die Versicherten sind für diese Zeit krankgeschrieben. Pflegebedürftige Angehörige können so lange etwa im Rahmen einer Kurzzeitpflege betreut werden. Nach vier Jahren ist eine erneute Kostenübernahme möglich.

→ **Voraussetzungen.** In erster Linie geht es darum, eine ernsthafte Erkrankung der Versicherten zu verhindern. Eine Kur ist also prinzipiell möglich, wenn pflegende Angehörige gesundheitlich angeschlagen sind – seelisch oder körperlich. Wichtig ist, der Krankenversicherung deutlich zu machen, dass es sich um Probleme handelt, die in Zusammenhang mit der Pflege stehen. Auch wenn oft der Grundsatz „ambulant vor stationär" gilt, ist es möglich, eine stationäre Kur zu machen, selbst wenn nicht sämtliche ambulanten Maßnahmen ausgeschöpft sind. Denn die stationäre Kur wirkt einfach besser.

→ **Kosten.** Die Krankenkasse übernimmt die Kosten für Unterbringung und Verpflegung sowie für die ärztliche Behandlung und die Kurmittel. Die Versicherten müssen einen Eigenanteil von 10 Euro pro Tag zahlen.

→ **Antrag.** Die nötigen Formulare gibt es bei der Krankenversicherung. Der erste Gang führt Kurwillige allerdings zur Hausarztpraxis. Die muss die Kur aus medizinischer Sicht befürworten und dann gemeinsam mit der pflegenden Person den Antrag bei deren Krankenkasse stellen. Oft leitet sie die Unterlagen zur Prüfung an den Medizinischen Dienst (MD) weiter. Gibt der MD grünes Licht, erteilt die Kasse die Genehmigung und schickt den Bescheid per Post nach Hause. Lehnt sie die Kur ab, können Versicherte gegen den Bescheid Widerspruch bei ihrer Kasse einlegen. Die Frist muss im Schreiben genannt sein.

Helferinnen aus dem Osten

Rundum versorgt dank einer osteuropäischen Betreuungskraft im Haus? Für dieses Modell gibt es einiges zu beachten – egal, ob die Helferinnen über Agenturen kommen oder direkt angestellt werden.

Wer bei Pflegebedürftigkeit so lange wie möglich in den gewohnten vier Wänden bleiben möchte, braucht mitunter viel Unterstützung. Eine Betreuungskraft, die mit im Haushalt lebt, kann eine große Hilfe sein.

Vermittlungsagenturen für osteuropäische Betreuungskräfte werben oft mit einer „24-Stunden-Pflege" oder „Rund-um-die-Uhr-Betreuung". Meist kooperieren sie mit mehreren Firmen in Ländern wie Polen, Bulgarien und Rumänien. Sie rekrutieren Betreuungskräfte vor Ort und schicken sie für einige Monate nach Deutschland.

Dass eine Person eine Betreuung rund um die Uhr leisten kann, ist allerdings utopisch – und verboten. Interessierte sollten sich daher genau informieren, was geht.

Agenturen schaffen Rahmenbedingungen

Wer sich für eine osteuropäische Betreuungskraft interessiert, kann sich an eine Vermittlungsagentur wenden. Diese ergründet dann zunächst die Ausgangssituation in Deutschland, meist mit Fragebögen, Telefonaten oder Vor-Ort-Besuchen. Es spricht für eine Agentur, wenn sie die Lage detailliert erhebt und schaut, was gebraucht wird. Daraus leitet sie dann zwei bis drei Personalvorschläge aus ihrer Datenbank ab.

Die Kunden können auch Wünsche äußern. Zum Beispiel: Sprachkenntnisse. Kann die Helferin flüssig Deutsch sprechen und verstehen, ist das sehr hilfreich, allerdings sind die Betreuungskosten dann oft höher. Auch andere Wünsche sind möglich, etwa wenn die pflegebedürftige Person sich jemanden wünscht, der gut backen kann.

Die Kunden hierzulande schließen häufig zwei Verträge: einen Vermittlungsvertrag mit der Agentur und einen Dienstleistungsvertrag mit der ausländischen Firma. Vor dem Unterschreiben sollten Kunden die Verträge unbedingt prüfen – und nachverhandeln, wenn sie Mängel feststellen. Auch wenn meist die osteuropäischen Firmen die Personalverantwortung für die Betreuungskräfte tragen, können die Vermittlungsagenturen gute Rahmenbedingungen schaffen und diese auch kontrollieren.

Der Mindestlohn sollte eindeutig geregelt sein. Außerdem erlaubt das deutsche Recht höchstens eine 48-Stunden-Woche – mit mindestens elf Stunden Ruhezeit zwischen den Arbeitseinsätzen und einem freien Tag pro Woche. Nach etwa drei Monaten kehrt die Betreuungskraft für gewöhnlich in ihre Heimat zurück und es kommt eine andere. Im Idealfall wechseln sich zwei Personen ab. Es können auch mehr sein. Die Heimfahrten bezahlt meist die pflegebedürftige Person.

Betreuung ersetzt nicht professionelle Pflege

Betreuungskräfte übernehmen typischerweise klassische Hausarbeiten wie Kochen, Putzen, Einkaufen. Sie leisten Gesellschaft und häufig auch allgemeine Unterstützung, helfen etwa beim Waschen oder Essen. „Behandlungspflege" – wie Verbände wechseln, Spritzen geben oder Arzneien zusammenstellen – ist laut Dienstleistungsvertrag meist ausgeschlossen. Nur qualifiziertes Personal darf solche Aufgaben erledigen. Bei Infektionsrisiken, hohem Pflegebedarf oder Sterbenden geht es ebenfalls nur mit Pflegeprofis.

Selbst bei normalem Pflegebedarf reicht eine Betreuungskraft allein häufig nicht aus. Die Vermittlungsagentur sollte schon bei der Bedarfsanalyse fragen, welche Hilfen bereits in Anspruch genommen werden, oder sie, wenn notwendig, empfehlen. Das ist auch für die ausländische Betreuungskraft wichtig. Sie kann Pause machen, wenn die pflegebedürftige Person zwischendurch in die Tagespflege geht oder ein ambulanter Pflegedienst kommt.

Helferin muss die A1-Bescheinigung haben

Wichtig ist, die Betreuungskraft nach ihrer A1-Bescheinigung im Original zu fragen und sie für die eigenen Unterlagen zu kopieren. Das mehrseitige Dokument stellen Ämter im Heimatland auf Antrag aus. Es belegt, dass die Sozialversicherungsbeiträge dort bezahlt werden. Damit ist auch die deutsche Familie im – unwahrscheinlichen, aber möglichen – Fall, dass der deutsche Zoll eine Kontrolle macht, auf der sicheren Seite.

Agenturen helfen oft bei Problemen

Viele Agenturen kümmern sich langfristig um ihre Kunden, bieten Hilfe bei Problemen. Typischerweise läuft das so: Jemand aus der deutschen Familie ruft die Agentur an.

INFO

Typische Varianten

Vermittlungsagenturen kooperieren meist mit osteuropäischen Partnerfirmen, die Personal rekrutieren. Sie nutzen diverse Beschäftigungsformen. Wir stellen wichtige Varianten vor.

→ **Angestellte.** Gut für die Betreuungskräfte ist es, wenn sie Angestellte einer Firma aus einem anderen EU-Land sind und von ihr nach Deutschland entsandt werden. Dann gelten die hiesigen arbeitsrechtlichen Mindeststandards, sofern sie besser sind als im Entsendeland, etwa der deutsche Mindestlohn von 13,90 Euro pro Stunde (Stand 2026). Sozialabgaben werden im Heimatland fällig.

→ **In mehreren EU-Staaten Tätige.** Das Entsenderecht gilt nicht, wenn ausländische Betreuungskräfte regelmäßig in mindestens zwei EU-Ländern arbeiten, darunter im Heimatland. Das betrifft auch „Mitarbeiter im Auftragsverhältnis". Der deutsche Mindestlohn gilt nicht. Sozialabgaben fallen im Heimatland an.

→ **Selbstständige.** Haben Betreuungskräfte ein Gewerbe im Heimatland angemeldet, müssen sie sich selbst versichern und können ihr Honorar frei verhandeln. Nach deutschem Recht müssen sie mehrere Auftraggeber haben, von denen keiner weisungsbefugt ist. Das ist bei einer 24-Stunden-Kraft aber de facto unmöglich und daher heikel: Wird eine Betreuungskraft bei einer Kontrolle als „scheinselbstständig" eingestuft, drohen dem Kunden hohe Bußgelder und Nachzahlungen.

→ **Niedergelassene.** Auch Selbstständige mit in Deutschland angemeldetem Gewerbe kümmern sich selbst um Honorar und Versicherungen. Hier gilt auch das Risiko der Scheinselbstständigkeit.

→ **Tipp:** Fragen Sie die Agentur nach der Art der Beschäftigung. Lassen Sie sich immer, außer bei Niedergelassenen, die A1-Bescheinigung zeigen.

Die kontaktiert das ausländische Partnerunternehmen. Das Unternehmen spricht mit der Betreuungskraft. Meist dürfen nur die ausländischen Firmen den Mitarbeitenden als direkte Arbeitgeber Weisungen geben. Wenn sich Konflikte nicht lösen lassen, die Betreuungskraft krank wird oder kurzfristig in die Heimat muss, können Agentur und Partner oft schnell Ersatz organisieren.

Selbst eine Kraft einstellen?

Es ist auch möglich, eine ausländische Betreuungskraft selbst zu suchen und einzustellen. Als Privatperson Arbeitgeber zu sein, bedeutet zwar mehr Aufwand und Formalitäten. Der Vorteil besteht in individuell ausgehandelten Vereinbarungen. Der Vertrag muss sich an deutsches Arbeitsrecht halten. Das bedeutet auch, dass ein Mindestlohn, derzeit 13,90 Euro (Stand 2026), Pflicht ist und regelmäßig angepasst werden muss.

Wer Unterstützung bei Formalitäten und Abrechnungen braucht, findet sie in einzelnen Regionen bei der Caritas (carifair.de) und Diakonie (vij-faircare.de) und ansonsten bei der örtlichen Arbeitsagentur.

Die Angestellte erhält ihr Gehalt von der pflegebedürftigen Person oder den Angehörigen. Verpflegung und Unterkunft sind frei. Zudem ist die Betreuungskraft steuerpflichtig, muss kranken-, pflege-, renten-, arbeitslosen- und unfallversichert sein, ist also deutschen Arbeitnehmern gleichgestellt.

Wichtige Überlegungen

Eine osteuropäische Betreuungskraft nach Hause zu holen, ist eine bedeutsame Entscheidung, nicht nur finanziell. Das gilt unabhängig davon, ob sie über eine Vermittlungsagentur kommt oder ob Sie sie selbst einstellen. Folgende Überlegungen helfen Ihnen bei der Entscheidung und unterstützen Sie bei den ersten Schritten.

➔ **Erwartungen abstecken** Eine ausländische Betreuungskraft kann im Alltag eine große Hilfe sein. Sie wohnt im Haushalt und somit in der vertrauten Umgebung. Das ist Vor- und Nachteil zugleich. Teils wechseln Helferinnen häufig. Können Sie sich das vorstellen? Akzeptieren alle Familienmitglieder, dass eine Helferin einzieht, die erst einmal fremd ist? Und ist allen klar, dass sie alle zwei bis drei Monate wechselt?

➔ **Wohnsituation prüfen** Können Sie der Betreuungskraft ein möbliertes Zimmer zur Verfügung stellen, am besten mit eigenem Bad? Können Sie ihr Zugang zu Telefon und Internet geben, damit sie Kontakt nach Hause halten und Heimatmedien nutzen kann? Hat sie die Möglichkeit, den öffentlichen Nahverkehr zu nutzen, oder benötigt sie ein Fahrrad oder Auto?

➔ **Richtig suchen** Viele Suchende nutzen Vermittlungsagenturen. Die übernehmen viele organisatorische Dinge, unter anderem organisieren Agenturen reibungslose Wechsel alle paar Monate. Inoffizielle Wege sollten Sie meiden. Wer eine Hilfe schwarz beschäftigt, riskiert unter anderem hohe Bußgelder und Nachzahlungen von Steuern und Sozialabgaben.

➔ **Bedarf gut darlegen** Wenn Sie eine Agentur beauftragen, füllen Sie deren Fragebogen sorgfältig aus. Soll die Helferin bestimmte Kenntnisse haben, ist Betreuungserfahrung wichtig oder ist ein Führerschein Voraussetzung? Reicht es, wenn die Pflegekraft sich irgendwie verständigen kann oder sollen es gute Deutsch- oder andere Sprachkenntnisse sein? Sind Sie bereit, dafür mehr Geld zu bezahlen?

➔ **Versicherungsnachweis einfordern** Lassen Sie sich von Betreuungskräften zu Beginn ihre A1-Bescheinigung zeigen. Liegt sie noch nicht vor, was oft passiert, sollten

Sie zumindest den Nachweis sehen, dass sie beantragt ist. Kopieren Sie die Dokumente am besten. Sie zeigen damit, dass Sie auf eine reguläre Beschäftigung der Betreuungskraft achten.

➔ **Verträge sorgfältig prüfen** Lesen Sie die Verträge vor dem Unterzeichnen gut durch. Prüfen Sie, welche Kosten insgesamt auf Sie zukommen. Können Sie sich das leisten? Die ausländische Firma sollte im Dienstleistungsvertrag zusichern, dass alle geltenden rechtlichen Grundlagen eingehalten werden. Von Vorteil ist eine Vereinbarung, wonach der Vertrag kostenfrei ruht in Zeiten, in denen die betreute Person beispielsweise ins Krankenhaus muss.

➔ **Hilfen dazuholen** Die Betreuungskraft hat Anspruch auf Pausen und mindestens 24 Tage Urlaub im Jahr. Um das zu ermöglichen, ist ein Netzwerk an Helfenden nötig. Pflegedienst und Angehörige sollten einen Teil der Aufgaben im Alltag übernehmen; nutzen Sie auch Angebote von sozialen Diensten, Tages- und Verhinderungspflege.

➔ **Aufgaben korrekt festlegen** Die Betreuungskräfte verrichten klassische Hausarbeit, leisten Gesellschaft und helfen beispielsweise beim Waschen oder Essen. Mit der „Behandlungspflege" sollten Sie hingegen einen Pflegedienst betrauen. Die Krankenkasse von Pflegebedürftigen trägt die Kosten, wenn die Behandlungspflege ärztlich verordnet wird. Achtung: Tätigkeiten wie Gartenarbeit, Fensterputzen, Kellerentrümpeln gehören ebenfalls nicht zu den üblichen Leistungen von Betreuungskräften.

➔ **Aufs Auto achten** Manche Betreuungskräfte fahren das Auto der pflegebededürftigen Person, beispielsweise um sie zu Terminen zu bringen oder Einkäufe zu erledigen. Dann sollte die Haftpflichtversicherung die Nutzung des Autos durch Dritte, konkret durch die Betreuungskraft, abdecken. Achten Sie zudem darauf, dass das ausländische Unternehmen bei grober Fahrlässigkeit der Betreuerin haftet.

➔ **Probleme lösen** Es kann etwas dauern, bis sich der Alltag mit einer Betreuungskraft einspielt. Versuchen Sie, Schwierigkeiten erst im direkten Gespräch zu lösen. Positiv ist, wenn Sie sich bei Problemen auch an die Vermittlungsagentur wenden können.

Einen Pflegedienst finden

Dass Pflegebedürftige zu Hause wohnen bleiben können, machen professionelle Pflegekräfte oft erst möglich.

Pflege zu Hause gut zu organisieren, geht mit professioneller Hilfe von außen leichter. Eine Arbeitsteilung zwischen Familie und Pflegedienst ist meist die beste Lösung. Die professionellen Pflegekräfte übernehmen einen wichtigen Teil der häuslichen Pflege und tragen häufig auch zur Entspannung der oft allzu engen Beziehung zwischen Pflegenden und Gepflegten bei. Sie haben die nötige Distanz, beraten bei allen Fragen rund um die häusliche Pflege, bringen Abwechslung und neue Ideen, sind erfahren und tatkräftig. Sollten diese erfahrenen Pflegekräfte selbst einmal mit ihrem Wissen am Ende

UNSER RAT

Ein Vergleich lohnt

→ **Unterstützung.** Vor allem bei den klassischen Pflegetätigkeiten können Sie sich Hilfe von Pflegeprofis holen. Fragen Sie bei Pflegekasse und Pflegestützpunkt nach Diensten in Ihrer Nähe. Sie finden sie auch auf Seiten wie pflegelotse.de.

→ **Vergleich.** Lassen Sie sich von mehreren Diensten Informationsmaterial, Preislisten und Musterverträge schicken. Hilfe bei der Auswahl eines geeigneten Dienstes bietet die umfangreiche Checkliste des Pflegelotsen, zu finden auf pflegelotse.de, Menüpunkt „Checkliste".

sein, können sie weitergehende Unterstützung empfehlen.

Pflegebedürftige sind um die „fremde" Hilfe meist froh, wenn auch manchmal erst nach einer Anlaufphase. Es kommt nicht selten vor, dass sie bei bestimmten Tätigkeiten, etwa der Intimpflege, den Beistand von professionellen Pflegekräften leichter annehmen können als von ihren Angehörigen.

Was Pflegedienste leisten

Ambulante Pflegedienste bieten meist Leistungen der sogenannten Grundpflege, beispielsweise Körperpflege und Ernährung, und der medizinischen Behandlungspflege, also Pflege, die aufgrund einer Erkrankung notwendig ist und ärztlich verordnet wird.

Zu den typischen Aufgaben eines Pflegedienstes gehören unter anderem: Waschen/ Duschen, Unterstützung beim Toilettengang, die Zubereitung von Mahlzeiten, Hilfe beim Betten und Lagern, die Kontrolle von Blutdruck, Spritzen geben und Wunden versorgen. Darüber hinaus übernehmen die Pflegekräfte nach Absprache auch Betreuungsaufgaben und helfen im Haushalt.

Bevor Sie sich auf die Suche nach einem geeigneten Pflegedienst machen, sollten Sie den konkreten Pflegebedarf ermitteln: Welche Hilfestellungen brauchen Pflegebedürftige, was können sie noch gut allein, wobei überschätzen sie sich?

Leistungen in Bereichen der Grundpflege und der hauswirtschaftlichen Versorgung bezuschusst die Pflegekasse als Pflegesachleistung, sofern Pflegebedürftige in Pflegegrad 2 oder höher eingestuft sind. Mit der Krankenkasse abgerechnet werden fast alle Leistungen der medizinischen Behandlungspflege. Betreuungsleistungen müssen Betroffene selbst zahlen. Haben sie mindestens Pflegegrad 1, können sie den Entlastungsbetrag von 131 Euro monatlich dafür – aber auch für Pflegeleistungen – nutzen. Mehr zur Finanzierung siehe „Geld für die Pflege", S. 33.

Auf Empfehlungen vertrauen

Bundesweit gibt es rund 15 500 Pflegedienste. Sie werden betrieben von Wohlfahrtsverbänden, kirchlichen Trägern sowie zahlreichen privaten Unternehmen. Wenn Sie einen Pflegedienst suchen, können Sie sich an die Pflegekasse der pflegebedürftigen Person wenden. Sie ist gesetzlich verpflichtet, eine Liste zugelassener Pflegedienste in der Region zu übersenden. Sie können auch online nach Diensten suchen. Die Krankenkassen stellen dafür eigene Suchportale mit Adressen und Bewertungen zur Verfügung, etwa unter aok.de/pk/pflegedienst-in-der-naehe/ oder Pflegelotse.de.

Eine Alternative sind Hausärzte. Sie sollten Pflegedienste in der Umgebung nennen können. Vielleicht haben auch Freunde oder Nachbarinnen gute Erfahrungen mit einem bestimmten Anbieter gemacht oder von einem guten Dienst gehört.

Um verschiedene Angebote vergleichen zu können, empfiehlt es sich, online nach

Informationen zu suchen oder mehrere Dienste anzurufen und um Zusendung von Informationsmaterial zu bitten. Schauen Sie, was die einzelnen Dienste zu bieten haben, was das kostet und ob das für Sie passt. Ideal ist ein Muster des Pflegevertrags. So wissen Sie, worauf Sie sich einlassen.

Haben Sie einen oder mehrere Dienste gefunden, sollten Sie kostenlose und unverbindliche Beratungsgespräche mit der jeweiligen Pflegedienstleitung verabreden – und das am besten im häuslichen Umfeld der pflegebedürftigen Person. Beim Gespräch sollten Sie den ermittelten Bedarf nennen und alle Ihre Fragen stellen, etwa:

- ➜ Wie zeitlich flexibel ist der Dienst im Hinblick auf den gewöhnlichen Tagesablauf?
- ➜ Kann er auch kurzfristig einspringen?
- ➜ Welche Ausbildung haben die Kräfte?
- ➜ Kann der Pflegedienst sämtliche Bereiche abdecken, in denen Hilfe benötigt wird?
- ➜ Ist er rund um die Uhr erreichbar?
- ➜ Hat er einen Versorgungsvertrag für alle Pflegegrade mit der Pflegekasse?
- ➜ Lässt sich die Pflege bei Bedarf zügig und unkompliziert aufstocken?

Den Pflegevertrag prüfen

Umfassend und detailliert – so sollte ein Pflegevertrag aussehen. Wir sagen, worauf es ankommt.

Vertrauen ist die persönliche Basis für die Beziehung zwischen den Pflegebedürftigen und ihrer Pflegekraft. Die rechtliche Basis dafür ist der Pflegevertrag. Der Vertrag regelt, welche Leistungen einem pflegebedürftigen Menschen zustehen und welche Kosten dafür anfallen.

Besonders wichtig: Sämtliche Pflegeleistungen, die die Pflegebedürftigen und der Pflegedienst vereinbaren, müssen im Vertrag genannt sein. Denn nur dann lässt sich überprüfen, ob die vereinbarten Leistungen auch erbracht wurden – und nur dann kann man sich beschweren, sollte das nicht der Fall sein.

1 Vertragspartner sollten die Pflegebedürftigen selbst sein.

Wer Vertragspartner des Pflegedienstes ist, muss für die erbrachte Pflege zahlen. Deshalb ist es wichtig, dass im Pflegevertrag die Pflegebedürftigen selbst als Vertragspartner genannt werden und nicht etwa eine Angehörige, die die Pflege organisiert.

Das bedeutet aber nicht, dass der zu Pflegende den Vertrag selbst unterzeichnen muss. Das kann zum Beispiel auch ein bevollmächtigter Angehöriger oder gesetzlicher Betreuer tun. Achten Sie in einem solchen Fall darauf, dass der Unterzeichnende mit „in Vertretung" unterschreibt.

2 Der Vertrag muss alle Pflegeleistungen genau aufführen.

Sämtliche Pflegeleistungen sollten umfassend beschrieben sein. Oft ist in Pflegeverträgen aber das Gegenteil der Fall. Die verwendeten Begriffe, wie „Grundpflege" oder „Pflege gemäß Pflegegrad 2", sind ungenau und lassen die konkreten Pflegeleistungen nicht erkennen. Es reicht nicht aus, wenn die Leistungsbereiche, zum Beispiel „Große Körperpflege", das Lagern oder die Nahrungsaufnahme, aufgelistet sind. Denn auch darunter verbergen sich zahlreiche Einzelleistungen, die von Bundesland zu Bundesland verschieden sein können.

Besser ist es also, wenn die Tätigkeit des Pflegedienstes weiter konkretisiert wird. Geht es etwa um die „Große Körperpflege", sollte der Vertrag die einzelnen Tätigkeiten und Hilfen nennen, zum Beispiel Transfer aus dem Bett oder ins Bett, Aus- und Ankleiden, Waschen/Duschen/Baden, Mund- und Zahnpflege, Hautpflege, Kämmen/Herrichten einer Tagesfrisur, Rasieren, Bett machen.

Außerdem sollte festgelegt werden, wie häufig bestimmte Pflegeleistungen erbracht werden sollen und – gegebenenfalls – an welchen Tagen und zu welcher Uhrzeit.

3 Der Vertrag muss die Kosten für die einzelnen Leistungen nennen.

Nicht nur die Leistungen müssen genau beschrieben sein, sondern auch die Kosten, die dafür anfallen. Dazu gehört, dass der Vertrag ausweist, an welchen Kosten sich Pflege- und Krankenkasse beteiligen. Neben den aufgeschlüsselten Kosten muss ersichtlich sein, wie hoch die Gesamtkosten sind.

Wenn Investitionskosten berechnet werden, müssen diese ebenfalls im Vertrag ausgewiesen sein. Dazu zählen die Wartung von Fahrzeugen des Pflegedienstes und die Mieten für Büros. Die Investitionskosten werden nicht von der Pflegekasse übernommen.

Wenn sich Preise erhöhen, muss der Pflegedienst das vorher schriftlich ankündigen. Achten Sie darauf, dass Sonn- und Feiertagszuschläge separat aufgeführt sind.

Lassen Sie sich eine Beispielrechnung für einen Monat vorlegen. Sie erkennen so Ihren Anteil und können den Vertrag besser mit anderen Angeboten vergleichen.

4 Alle durchgeführten Leistungen müssen dokumentiert werden.

Der Pflegedienst muss täglich festhalten, welche Aufgaben er bei Pflegebedürftigen ausgeführt hat. Diese sogenannte „Pflegedokumentation" bleibt, im Original oder als Kopie, bei der pflegebedürftigen Person zuhause. Anhand der Dokumentation lässt sich überprüfen, ob der Pflegedienst alle vereinbarten Arbeiten erledigt hat.

Am Monatsende wird auf der Grundlage der Pflegedokumentation ein Leistungsnachweis erstellt. Prüfen Sie diesen genau. Die Angaben in beiden Dokumenten müssen übereinstimmen. Der Pflegedienst reicht den Leistungsnachweis bei der Pflegekasse ein, um mit ihr abzurechnen.

5 Der Vertrag soll die Art und Weise der Bezahlung festlegen.

Meist besteht die Möglichkeit, die Rechnung per Bankeinzug oder Überweisung zu zahlen. Am einfachsten ist die Zahlung per Bankeinzug. Sie hat aber den Nachteil, dass das Geld meist schon abgebucht ist, bevor Sie die Rechnung prüfen können. Wählen Sie die Überweisung, können Sie die einzelnen Punkte in Ruhe durchgehen und den Betrag gegebenenfalls kürzen, falls Sie nicht zufrieden sind. Sie müssen aber jeden Monat an die Überweisung denken.

So oder so sollte der Pflegedienst seine Rechnung erst stellen, wenn die Pflege erbracht ist. Voraus- und Abschlagszahlungen sollten Sie nicht vereinbaren.

6 Es sollte geregelt sein, dass der Pflegedienst für Schäden haftet.

Der Pflegedienst sollte sich vertraglich verpflichten, für Schäden einzustehen, die seine Pflegekräfte verursachen. Dabei könnte es zum Beispiel um zerbrochenes Geschirr, zerkratztes Parkett oder einen verlorenen Schlüssel gehen. Auch Personenschäden sollten mit umfasst sein. Achten Sie darauf, dass die Haftung nicht auf Vorsatz und grobe Fahrlässigkeit beschränkt ist.

7 Der Pflegedienst sollte keine allzu kurze Kündigungsfrist haben.

Pflegebedürftige haben das Recht, einen Pflegevertrag fristlos zu kündigen. Das hat der Bundesgerichtshof (BGH) entschieden (Az. III ZR 203/10). Die Kündigungsfristen vonseiten des Pflegedienstes sind aber weder gesetzlich noch gerichtlich festgelegt. Achten Sie deshalb auf eine möglichst lange Frist, gut sind zum Beispiel sechs Wochen zum Quartalsende. Ansonsten besteht die Gefahr, falls der Dienst Ihnen kündigt, dass Sie unvermutet eine Weile ohne Pflegedienst dastehen, wenn Sie den bisherigen nicht umgehend ersetzen können. Eine längere Kündigungsfrist für den Pflegedienst verschafft Ihnen Zeit, sich nach einem neuen Dienstleister umzuschauen.

8 Pausen und Ende des Vertrags sollten klar geregelt sein.

Wenn die pflegebedürftige Person vorübergehend ins Krankenhaus muss, im Rahmen der Kurzzeitpflege in einem Pflegeheim lebt oder eine Reha-Maßnahme mitmacht, sollte es die Möglichkeit geben, dass der Pflegevertrag ruht. Während dieser Zeit sollte der Dienst nichts kosten und mit wenigen Tagen Vorlauf wieder aufgenommen werden können. Mit dem Tod der pflegebedürftigen Person sollte die vertragliche Beziehung sofort enden.

CHECKLISTE

Was der Vertrag noch regeln sollte

→ **Termine absagen.** Es muss klar werden, bis wann der Besuch des Pflegedienstes abgesagt werden darf, ohne dass Kosten entstehen. Begriffe wie „rechtzeitig“ sind zu ungenau. Der Vertrag sollte klare Zeitangaben machen.

→ **Schlüssel übergeben.** Oft ist es notwendig, dass der Pflegedienst einen Schlüssel zum Haus oder zur Wohnung hat. Halten Sie schriftlich fest, dass der Schlüssel übergeben wurde und nicht in die Hände weiterer Personen gelangen darf.

→ **Beschwerde einlegen.** Wenn Sie unzufrieden sind, sollten Sie die Möglichkeit haben, sich zu beschweren. Der Vertrag sollte Auskunft darüber geben, wer in einem solchen Fall Ihr Ansprechpartner ist und ob es jemanden gibt, der bei einem Streit vermittelt.

→ **Kooperationspartner nennen.** Nicht immer kann der Pflegedienst alle Leistungen allein erbringen. Wenn er mit Partnern zusammenarbeitet, sollten diese im Vertrag genannt sein.

→ **Zusätzliches festhalten.** Wenn Sie Zusatzvereinbarungen treffen, müssen diese schriftlich festgehalten und unterschrieben werden.

Wenn es zu Hause nicht mehr geht

Spätestens, wenn eine gute Pflege zu Hause nicht gewährleistet werden kann oder sich die Wohnung nicht eignet, ist ein Umzug angesagt. Je nach Hilfebedarf und individuellen Wünschen gibt es unterschiedliche Optionen: von „betreutem Wohnen" über Pflege-WGs bis hin zum klassischen Pflegeheim.

In diesem Kapitel stellen wir die Vor- und Nachteile verschiedener Möglichkeiten vor und zeigen, worauf Sie bei der Wahl des neuen Zuhauses achten sollten.

Betreutes Wohnen

Barrierefreies Wohnen mit Hausnotruf, Wäscheservice und Kontaktmöglichkeiten erleichtert vieles im Alltag.

Betreutes Wohnen ist für Menschen interessant, die im Alltag noch weitgehend selbstständig zurechtkommen, sich aber auf lange Sicht Unterstützung wünschen. Sie können eine barrierefreie Wohnung anmieten oder kaufen, die sich in einem Gebäudekomplex mit weiteren ähnlichen Wohnungen befindet und einige Extra-Ausstattungen bietet, wie einen Hausnotruf. Außerdem gibt es Gemeinschaftsräume, einen Hausmeisterdienst und die Option, unkompliziert Hilfen zuzubuchen, von einer warmen Mahlzeit am Tag über Putz- und Wäscheservice bis hin zu klassischen Pflegeleistungen.

Art der Wohnung

Angeboten wird Betreutes Wohnen vom 1-Zimmer-Apartment bis zur großzügigen 3-Zimmer-Wohnung. Sie können in einem Neubaukomplex, einer einstigen Büroetage oder einer alten Stadtvilla liegen.

Die Wohnung sollte barrierefrei nach Din 18040-2 sein, also folgendes bieten: ebenerdige Räume oder Fahrstuhl, extrabreite Türen, bodengleiche Dusche, extra tief angebrachte Griffe, leicht zu bedienende Heizung, Fenster und Licht.

Eine Küchenzeile sowie Telefon-, Internet- und Fernsehanschluss sollten vorhanden sein. Balkon oder Terrasse und Abstellraum sind wünschenswert, eventuell auch ein Pkw-Stellplatz. Eigene Möbel können oft mitgebracht werden.

Ob die Einrichtung die Qualitätsanforderungen an das Betreute Wohnen erfüllt, lässt sich an Din 77800 erkennen. Wegen des sehr hohen Aufwands lassen sich allerdings nur wenige Anbieter zertifizieren.

Bei Unfall oder Krankheit

Sehr wichtig ist ein Hausnotruf, mit dem rund um die Uhr jemand alarmiert werden kann. Oft ist das ein hauseigener Service: Die Mitarbeitenden können bei einem Notfall rasch zur Stelle sein und sich um die Bewohner kümmern, bis der Krankenwagen eintrifft. Es sollte auch eine Regelung für den Krankheitsfall geben. Wer versorgt die Mieter, wenn diese etwa wegen einer Infektion das Bett hüten müssen?

Übrigens: Für Menschen mit Demenz ist das Betreute Wohnen eher nicht geeignet. Zu groß sind die potenziellen Gefahren. Manchmal sind aber auf dem gleichen Areal mehrere Wohnarten mit Pflege verfügbar.

Vielfältiger Service

Neben einem Hausmeister, der sich um Anlage und Gemeinschaftsbereiche kümmert, gibt es in der Regel eine Betreuungskraft, die für Fragen des täglichen Lebens ansprechbar ist. Sie kann Dienstleistungen vermitteln oder beim Schriftverkehr helfen.

Die Dienstleistungen machen das Betreute Wohnen so attraktiv. Es bestehen Kontakte zu vielfältigen Anbietern, sodass unkompliziert Unterstützungsleistungen dazu gebucht werden können, wie etwa eine Reinigungskraft, ein Wäschedienst, regelmäßige Fußpflege oder ein Einkaufsservice.

Entscheidend ist auch die Lage: Idealerweise sind Supermarkt, Friseur, Cafés, Apotheke und Arztpraxen gut zu erreichen. Für Interessierte können weitere Fragen wichtig sein: Ist die Anlage an öffentliche Verkehrsmittel angebunden? Gibt es Grünflächen für

Spaziergänge? Sind Haustiere erlaubt? Liegt die neue Wohnung im vertrauten Viertel? In der Nähe der Kinder? Oder an einem persönlichen Sehnsuchtsort? Und welche Angebote gibt es noch?

Die Ausstattung – Garten oder Fitnessraum – und die Angebote – Kultur- oder Sportaktivitäten – schlagen sich im Preis nieder. Wer nicht mehr so mobil ist, freut sich oft über Veranstaltungen im Haus, ob Gymnastik, Musikabend oder Literaturkreis. Häufig gibt es einen Gesellschaftsraum, in dem Feste gefeiert oder Spieleabende veranstaltet werden können. Praktisch ist ein gemeinsamer Mittagstisch.

Wenn Betreutes Wohnen für Sie in Frage kommt, schreiben Sie eine Liste: Welche Angebote brauche ich aktuell, was vielleicht in einigen Jahren? Manche Einrichtungen haben Wartezeiten von mehreren Jahren. Beginnen Sie früh mit der Suche. Dabei helfen Überblicksportale im Internet – zum Beispiel Hilfelotse-Berlin.de. Infomaterial ist auch in den Pflegestützpunkten erhältlich.

Kosten

Betreutes Wohnen ist mit Zusatzkosten verbunden. Die Quadratmeterpreise liegen 10 bis 20 Prozent über denen einer üblichen Wohnung am gleichen Ort. Für barrierefreie Wohnungen wird aber meist auch auf dem normalen Wohnungsmarkt eine höhere Miete verlangt – vor allem in Ballungsräumen. Preiswerter ist Betreutes Wohnen in ländlichen Gebieten. Einige Anbieter verlangen ein Wohndarlehen (ab 4 000 Euro), das verzinst nach Auszug zurückgezahlt wird.

Zu Miete und Nebenkosten kommt eine Servicepauschale von meist 50 bis 150 Euro pro Monat hinzu. Art und Umfang der Leistungen sind in einem Servicevertrag genau aufzulisten. Unterstützungsleistungen werden individuell gebucht und bezahlt. Wenn Pflege nötig wird, kann ein Pflegedienst kommen. Vielleicht empfehlen andere Mieter oder die Betreuungskraft eine Agentur. Mit dem Dienst wird ein separater Pflegevertrag abgeschlossen. Auch Angehörige können die Pflege übernehmen oder sich die Aufgaben mit professionellen Kräften teilen.

Läuft alles gut, können die Mieter mit ambulanter Pflege bis zum Lebensende in ihrer Wohnung bleiben. Es gibt aber auch Einrichtungen mit angegliedertem Pflegeheim. Bei hohem Pflegebedarf könnten sie in die stationäre Einrichtung umziehen.

Wohngeld kann unter bestimmten Voraussetzungen auch im Betreuten Wohnen als Mietkostenzuschuss gezahlt werden – mehr weiß die örtliche Wohngeldbehörde. Reichen Einkommen und Vermögen von Bewohnern nicht (mehr) für die Wohnkosten aus, kann das Sozialamt einspringen, sofern keine anderen Mittel vorhanden sind. Beim Amt gibt es die entsprechenden Anträge.
Tipp: Zieht ein Paar in eine große betreute Wohnung und ein Partner stirbt, kann es für den Hinterbliebenen schwierig werden, die Miete aufzubringen. Ein Anrecht darauf, in eine kleinere Wohnung zu wechseln, gibt es meist nicht. Ist ein Partner vor dem Einzug pflegebedürftig, kann es daher günstiger sein, zwei Einzelapartments zu mieten.

Probewohnen gegen Entgelt

Bei Interesse sollten Sie die Wohnanlage am besten zu zweit besichtigen. Achten Sie auf Ihr Bauchgefühl: Wie ist die Atmosphäre, wie gehen Beschäftigte mit Bewohnern um? In mancher Anlage lässt sich gegen Entgelt auch probewohnen. Das kann bei der Entscheidung helfen.

Seniorenresidenzen

Komfortable Unterbringung und Rundum-Service haben ihren Preis. Nicht jedes Haus passt zu jedem.

In einer Seniorenresidenz verbinden sich im besten Fall die Vorteile des Betreuten Wohnens inklusive Pflege mit den Vorzügen eines guten Hotels. Häuser der gehobenen Preisklasse bieten Annehmlichkeiten wie Swimmingpool, Konzertsaal, Elbblick oder vom Sternekoch zusammengestellte Mahlzeiten.

Das hat seinen Preis: 2 500 Euro Minimum monatlich für 1,5 Zimmer (38 Quadratmeter) sind üblich, für zwei Zimmer (50 Quadratmeter) sind es 3 000 Euro aufwärts. Für eine zweite Person kann es dann noch eine monatliche Pauschale geben. Pflegekosten kommen noch hinzu.

Welche Wünsche habe ich?

In den meisten Residenzen gibt es einen Speisesaal, in dem mittags und abends wechselnde Menüs serviert werden. Das Ambiente kann sich stark unterscheiden: In einem Haus geht es familiär zu, Mitarbeitende sind mit Bewohnern im Gespräch. Das andere Haus verströmt den Flair vornehmer Zurückhaltung, prominente Namen stehen auf dem polierten Klingelschild. Ein Betreiber legt Wert auf Naturstein und Marken-Einbauküche, in anderen Residenzen sind die Wohnungen einfacher gestaltet.

Die Quadratmeterpreise sind höher als in üblichen Seniorenwohneinrichtungen. Umso sorgfältiger ist zu überlegen, ob Größe und Grundriss der Wohnung den eigenen Wünschen entsprechen. Wohnungen mit mehreren Zimmern sind rar, besonders hier kann es lange Wartezeiten geben.

Gemeinschaftsbereiche und Wohnungen sollten auf die Bedürfnisse Älterer ausgerichtet sein. In jedes Apartment gehört ein Notfallknopf. Eine Betreuungskraft sollte sich um sie kümmern. Oft sind Hausdame oder Concierge rund um die Uhr ansprechbar, helfen bei Alltagsproblemen, vermitteln Dienstleistungen und kümmern sich bei vorübergehender Erkrankung um die Mieter.

Interessierte sollten sich einen eigenen Eindruck von einer Residenz verschaffen, sich durch die Anlage führen lassen, einen Kaffee im Speiseraum oder im Café trinken. Wenn Probewohnen möglich ist, ist das gut. **Wichtige Fragen sind:** Nutze ich Angebote wie Yoga oder Sprachkurse wirklich, brauche ich die Bank oder die Ärztin im Haus? Was sind mir der Bachlauf im Garten oder die Nähe zum Luxuskaufhaus wert? All das wird mitbezahlt. Meist sind Miete, Nebenkosten und Grundservice pauschal zusammengefasst. Es kann eine Kaution geben.

Pflegebedarf berücksichtigen

Kosten für ambulante Pflege werden in aller Regel mit der Zeit höher, wobei Bewohner meist selbst einen Pflegedienst wählen können. Reichen Rente, Pension oder Vermögen nicht mehr, um Miete plus Pflege zu bezahlen, kann ein erneuter Umzug nötig werden. Meist in ein klassisches Pflegeheim.

Manche Anbieter haben spezielle Angebote. Beim Anbieter Augustinum zum Beispiel gibt es eine Art private Pflegeversicherung in Form eines Solidarfonds. Gegen einen Monatsbeitrag deckelt dieser die Pflegekosten. Ob der Abschluss sinnvoll ist, hängt vom Eintrittsalter der Pflegebedürftigen und den Vorerkrankungen ab. In den ersten zwei Jahren gibt es keine Leistungen.

Einige Residenzen verfügen über spezielle Pflegeapartments, eine eigene Pflegeabteilung oder sind an ein Pflegeheim angegliedert. Falls Bewohner eines Tages deutlich mehr medizinische Versorgung benötigen, könnten sie dorthin umziehen.

Sie schließen dann einen Vertrag über stationäre Pflege ab, der bisherige Mietvertrag und der Vertrag über die ambulante Pflege werden üblicherweise aufgelöst. Pflegekosten zahlt man hier privat. Man kann dafür allerdings Leistungen bei der Pflegeversicherung beantragen.

Residenzen im Ausland

Besonders in den östlichen Nachbarländern Polen, Ungarn und Tschechien haben sich Seniorenresidenzen auf deutsche Kundschaft spezialisiert. Sie bieten ähnliche Leistungen preiswerter an und versprechen qualitativ hochwertige Pflege. Die Pflegekräfte sprechen Deutsch. Angehörige berichten von freundlichem und kompetentem Personal. Der große Nachteil ist: Bewohner leben in einem fremden Umfeld, Freunde und Familie sind weit entfernt.

Pflege-WGs

Die familiäre Atmosphäre von Pflegewohngemeinschaften lässt Bewohnern und Angehörigen einige Freiräume. Eine Betreuung rund um die Uhr ist gesichert.

In der Wohnküche ist um halb zehn noch nicht allzu viel Betrieb. Nur zwei Frauen haben es sich bisher zum Frühstück eingefunden. Die anderen neun Bewohnerinnen und Bewohner der Demenz-WG sind in ihren Zimmern, weil sie noch schlafen oder von einer Pflegekraft versorgt werden. „Wir haben im Moment einige Langschläfer hier – aber jeder so, wie er mag", sagt Maike Horstbrink lächelnd. Sie ist Geschäftsführerin des „Hauspflegevereins". Dieser ambulante Pflegedienst ist Träger der Wohngemeinschaft, die sich in Bielefeld befindet.

Die Wände in Küche und Eingangsbereich sind in Orange und Gelb gestrichen und gepflastert mit Bildern und Pinnwänden, darauf Fotos von den Bewohnerinnen und Betreuungskräften. Die Möbel im gemeinschaftlich genutzten Wohnzimmer und in der Küche sind ein bunter Mix aus Alt und Neu. Einige der Stücke stammen noch von früheren WG-Mitgliedern. Für die eigenen Zimmer – alle mindestens 14 Quadratmeter groß und mit eigenem Bad – haben die Bewohnerinnen und Bewohner ihre persönlichen Möbel mitgebracht.

Sicherheit und Gemeinschaft

Eine Wohngemeinschaft wie diese kann eine Alternative zu einem Pflegeheim sein. Das kann besonders sinnvoll sein, wenn jemand zum Beispiel aufgrund einer Demenz

UNSER RAT

Die passende WG finden

→ **Umzug.** Kann jemand etwa aufgrund einer Demenz nicht mehr allein leben, spricht für die WG der meist kleine, familiäre Rahmen, in dem sich neue Bewohner leichter zurechtfinden können. Damit verbunden ist aber eventuell ein höherer organisatorischer Aufwand für die Angehörigen als etwa im Heim.

→ **Auswahl.** Überlegen Sie, welches WG-Konzept zur pflegebedürftigen Person und zu den Angehörigen passt. Klären Sie im Vorhinein, welcher Aufwand je nach Gemeinschaft auf Sie zukommt und ob das machbar ist.

→ **Kennenlernen.** Besuchen Sie die Gemeinschaft oder Wohngruppe vorab. Vielleicht besteht auch die Möglichkeit, dass die Wohninteressenten dort für eine gewisse Zeit zur Probe wohnen können. So lernen Sie die Gemeinschaft kennen und können abschätzen, ob die pflegebedürftige Person und Sie dazupassen.

→ **WG gründen.** Finden Sie keine passende Wohngruppe für einen pflegebedürftigen Angehörigen, prüfen Sie, ob die Gründung einer neuen WG infrage kommt. Lassen Sie sich dazu und zu möglichen Zuschüssen unbedingt beraten, zum Beispiel bei der Bundesinteressenvertretung für alte und pflegebetroffene Menschen (biva.de) oder bei einer Verbraucherzentrale. Wenn Sie gründen wollen, können Sie eine Anschubfinanzierung von der Pflegeversicherung erhalten.

oder anderer Beeinträchtigungen eine Betreuung rund um die Uhr benötigt. „Diese Wohnform bietet viele Pluspunkte“, sagt Ursula Kremer-Preiß vom Kuratorium Deutsche Altershilfe: „Kleine Wohneinheiten, ein persönliches Umfeld, das den Bewohnern schnell vertraut werden kann, und oftmals einen hohen Betreuungsschlüssel.“

Hinzu komme, dass die Bewohner und ihre Angehörigen meist einige Wahlfreiheiten haben, zum Beispiel bei der Gestaltung des Tagesablaufs oder wenn es um besondere Vorlieben bei den Mahlzeiten geht. Diese können in einer Pflege-WG einfacher umgesetzt werden.

Beim Zubereiten der Mahlzeiten und bei anderen alltäglichen Aufgaben des Haushalts werden die Bewohner der Demenz-WG des Bielefelder Hauspflegevereins soweit wie möglich mit einbezogen. „Ob Obst schneiden oder Wäsche falten – es geht auch darum, Alltagsfähigkeiten zu bewahren, zu fördern oder wieder zu erlernen“, sagt Maike Horstbrink.

Auch die Angehörigen sind jederzeit willkommen: „Sie haben selbstverständlich einen Schlüssel zur Wohnung. Und wenn jemand zum Beispiel Lust hat, nachmittags vorbeizukommen und in der Küche einen Kuchen zu backen, haben wir natürlich nichts dagegen.“

Ein Anbieter kümmert sich um alles

Mit dem Hauspflegeverein als Träger gehört die Pflege-WG in Bielefeld zu den von Anbietern verantworteten Wohngemeinschaften. Die Anbieter – neben Pflegediensten zum Beispiel Kommunen, Bürgervereine oder Einzelpersonen – legen die grundsätzlichen organisatorischen Entscheidungen und Maßnahmen fest.

Konkret bedeutet das zum Beispiel: Der Hauspflegeverein hat die Gemeinschaftswohnung angemietet und vermietet die einzelnen Zimmer weiter. Zusätzlich stellt er die Präsenzkräfte, die eine Versorgung rund um die Uhr gewährleisten.

Mindestens eine Person ist immer vor Ort, tagsüber zwei oder sogar drei. Denn auch die individuellen Pflegeleistungen, die die Bewohner je nach Pflegegrad benötigen, übernehmen Kräfte des Pflegedienstes. „Es kam aber schon vor, dass neue Bewohner zunächst bei dem ihnen vertrauten Dienstleister geblieben sind, sodass die Eingewöhnung für sie leichter war", sagt Horstbrink.

Die Ausgaben für die Betreuung und einen Teil der Pflege rechnet der Verein direkt mit der Pflegeversicherung ab. Den Bewohnern stehen neben den Sachleistungen, die je nach Pflegegrad bemessen werden, und dem pauschalen Entlastungsbetrag zusätzlich der pauschale Wohngruppenzuschlag von 224 Euro pro Monat zu.

Allerdings reicht das Geld aus der Pflegeversicherung nicht für alle fälligen Posten aus. Um die Ausgaben für die Pflege und die Präsenzkräfte zu decken, müssen die Bewohnerinnen und Bewohner Zuzahlungen leisten. Wie in allen Pflege-WGs sind das auch in Bielefeld um die 1900 Euro monatlich. Dazu kommen die Zimmermiete sowie eine Pauschale für Verpflegung. Unterm Strich fallen insgesamt eigene Ausgaben von etwa 2500 bis 2600 Euro im Monat an.

Manchmal eigene Organisation

Es ist aber kein Muss, dass hinter einer Wohngemeinschaft ein fester Anbieter steht. So geht etwa die Demenz-WG „Mühlenrad" in Bad Driburg einen anderen Weg: Diese selbstverantwortete WG wurde 2016 gegründet. „Wir haben alles selbst in die Hand genommen", erinnert sich Friederike Koch. Sie ist ehrenamtliche Sprecherin der WG, in der ihre Großmutter bis vor Kurzem gelebt hat. „Als damals Räume des evangelischen Johanneswerks frei wurden, in denen vorher eine Tagespflege untergebracht war, haben wir zugegriffen", erzählt Friederike Koch. Die Bewohner selbst oder ihre Angehörigen haben die Räume für sie gemietet.

In der untereinander geschlossenen Mietervereinbarung ist etwa geregelt, dass die Gemeinschaft darüber entscheidet, welcher Dienstleister die Präsenzkräfte stellt, wie viel Geld monatlich für den Einkauf von Lebensmitteln eingezahlt werden muss und wer neu in die WG einzieht. „Diese Form der WG bedeutet mehr Selbstbestimmung als bei einem festen Träger", sagt Koch. „Das heißt aber auch, dass mehr Engagement der Angehörigen nötig ist, damit das WG-Leben funktionieren kann." Ein wichtiger Aufgabenpunkt: Alle drei Monate trifft sich die Gemeinschaft, um sämtliche Fragen rund um den WG-Alltag zu klären.

Für eine selbstverantwortete WG wie die in Bad Driburg gelten andere gesetzliche Vorgaben als für eine anbieterverantwortete Gemeinschaft. Die selbstverantwortete WG ist nur an das Bürgerliche Gesetzbuch (BGB) gebunden. Die anbieterverantworteten Gemeinschaften unterliegen zusätzlich den Regelungen des jeweiligen Bundeslandes und müssen sich zum Beispiel nach den Vorgaben zu Zimmergröße und -ausstattung sowie Personalanforderungen richten. All das wird von der Heimaufsicht überprüft.

Der Bedarf ist vorhanden

„Die Pflege-WG war für uns damals der passende Zwischenschritt", sagt Friederike Koch. „Allein zu Hause bleiben konnte meine Großmutter nicht mehr, aber ins Heim wollte sie auch nicht gehen."

Den Bedarf an solchen Wohnalternativen kennt auch Maike Horstbrink vom Hauspflegeverein in Bielefeld. „Auch deshalb haben wir noch weitere barrierefreie Apartments im Angebot, in denen Menschen mit unterschiedlichen Hilfe- und Betreuungsbedarfen selbstbestimmt leben können". Auch in anderen Regionen steigt der Ausbau.

Ein Pflegeheim finden

Wird umfangreiche Pflege nötig oder bestehen bestimmte Erkrankungen, ist ein Umzug ins Heim oft die beste Lösung.

Für Brigitte März endet das Leben, das sie kennt und liebt, im Mai 2014. Da erleidet ihr Ehemann einen schweren Herzinfarkt. Er wird schwerstpflegebedürftig und bekommt die damals höchstmögliche Pflegestufe 3, die heute Pflegegrad 5 entspricht.

Mehr als drei Jahre pflegt sie ihren Mann zuhause, reduziert dafür ihre Arbeitszeit und hat trotzdem keinen Moment Ruhe für sich. Lange sträubt sie sich gegen das Konzept Pflegeheim. Bis es nicht mehr geht. Sie ist am Ende ihrer Kräfte. Auch wenn Brigitte März es sich nicht leicht macht: Die Entscheidung war längst überfällig. Im Juli 2017 zieht Ihr Ehemann in ein Pflegeheim.

Wenn es zu Hause nicht mehr geht

Nicht immer ist die häusliche Versorgung auf lange Sicht besser als die Pflege in einer stationären Einrichtung. Reichen pflegende Angehörige und ambulante Hilfen nicht mehr aus, ist es an der Zeit, darüber nachzudenken, ob ein Leben im Heim nicht die beste Lösung ist. Heute sagt Brigitte März: „Anfangs habe ich gezweifelt. Aber es geht ihm gut im Pflegeheim. Die Angebote tun ihm gut. Für uns beide ist es besser, wenn er dort lebt und ich ihn drei- bis viermal pro Woche besuchen kann. Wir sind dadurch beide ruhiger geworden."

Das überrascht nicht. In guten Pflegeeinrichtungen gibt es geregelte Tagesabläufe und Pflegebedürftige bekommen Betreuung rund um die Uhr. Sie werden mit allem Notwendigen versorgt und können jederzeit um Hilfe bitten. Im Ernstfall wissen die Pflegefachkräfte sofort, was zu tun ist.

Wer möchte und dazu in der Lage ist, kann beispielsweise auch Veranstaltungen besuchen, die im Heim stattfinden, oder gemeinsam mit anderen Bewohnern essen, Ausflüge machen oder an Sportangeboten teilnehmen. Auch Gaby Engel, Krankenschwester bei einem ambulanten Pflegedienst und im Pflegeheim, weiß: „Für kontaktfreudige Menschen kann der Umzug ins Pflegeheim viel Gutes bewirken. Sie lernen neue Leute kennen und können wieder mehr am Leben teilhaben." Manche blühen sogar noch einmal richtig auf.

Die Suche braucht Zeit

Wer sich für einen Umzug entscheidet, sollte sich gut informieren und sich – am besten gemeinsam mit der Familie – ausreichend Zeit dafür nehmen. Muss ganz schnell etwas gefunden werden, weil Pflegebedürftige sofort eine vollstationäre Versorgung brauchen, sind sie vorübergehend besser in einer Kurzzeitpflege aufgehoben (siehe „Kurzzeitpflege", S. 38). Währenddessen können Angehörige in Ruhe suchen.

Zunächst sollte geklärt werden, wo die Pflegebedürftigen rein örtlich in Zukunft leben möchten. Bevorzugen sie ein Heim, das in ihrer jetzigen Wohnumgebung liegt? Oder möchten sie zum Beispiel in die Nähe von bestimmten Angehörigen oder Freunden ziehen? Soll die Einrichtung in der Stadt oder eher ländlich gelegen sein? War das Meer immer schon ein Sehnsuchtsort oder ein Wohnort mit Sicht auf die Alpen?

Sind diese Fragen beantwortet, können Sie in Online-Datenbanken nach passenden Heimen suchen, wie beispielsweise unter pflegelotse.de oder aok.de/pk/pflegeheim-in-der-naehe/. Für Nordrhein-Westfalen gibt es denheimfinder.nrw.de/, wahlweise auch als App für Android und iOS.

Nach Eingabe der Postleitzahl lassen sich stationäre Angebote in der gewünschten Region finden und die Kontaktdaten und Preise auflisten. Außerdem können Sie nach Schwerpunkten filtern, zum Beispiel einer Spezialisierung auf Demenz.

UNSER RAT

Mit Plan suchen

→ **Vorbereitung.** Vor Beginn der Suche nach einem Pflegeheim sollten Sie überlegen, was Ihnen wichtig ist, etwa Nähe zum Wohnort oder wie hoch die Kosten sein dürfen. Verschaffen Sie sich einen Überblick über Ihre finanziellen Mittel.

→ **Datenbank.** Suchen Sie im Internet nach Einrichtungen in der gewünschten Region. Portale wie pflegelotse.de bieten Datenbanken an. Mehr Informationen finden Sie auf den Internetseiten der Pflegeheime. Alternativ können Sie darum bitten, einen Prospekt geschickt zu bekommen.

→ **Besichtigung.** Besuchen Sie die ausgewählten Heime. Probieren Sie das Essen und sprechen Sie mit Bewohnern und Personal.

Die Kosten im Blick

Um gut planen zu können, müssen Familien die Zusammensetzung der Kosten in Pflegeheimen verstehen lernen: Da sind zum einen die Kosten für Pflege und Betreuung der Pflegebedürftigen. Nur an diesen beteiligt sich die Pflegeversicherung, sofern die Betroffenen Pflegegrad 2 oder höher haben. Die Zuschüsse, gestaffelt nach Pflegegrad, reichen aber in aller Regel nicht aus, um die Pflegekosten zu decken. Die Bewohner müssen den Rest selbst bezahlen. Er wird „einrichtungseinheitlicher Eigenanteil“, kurz: EEE, genannt und von jedem Heim separat festgelegt. Pro Heim ist der EEE für alle Bewohner gleich hoch.

Seit 2022 gibt es einen staatlichen Zuschuss zu diesem EEE. Er beträgt zwischen 15 und 75 Prozent der selbst zu tragenden Pflegekosten. Je länger jemand im Heim lebt, desto mehr von den Pflegekosten übernimmt der Staat.

Neben dem EEE müssen die Bewohner Unterkunft, Verpflegung, Investitionskosten und eventuell eine Ausbildungsumlage aus eigener Tasche bezahlen.

„Alles zusammen ist eine immense finanzielle Belastung und die Schattenseite der vollstationären Pflege“, schilderte Brigitte März. Der monatliche Eigenanteil fürs Pflegeheim kann schnell mehr als zwei Drittel des monatlichen Einkommens verschlingen. Viele zahlen einen Teil der Kosten vom rechtzeitig angesparten Vermögen.

Reichen die eigenen finanziellen Mittel nicht, springt unter bestimmten Voraussetzungen das Sozialamt ein (siehe „Hilfe vom Staat“, S. 47). Enge Angehörige müssen nur etwas zahlen, wenn sie ein sehr hohes Einkommen haben.

Prüfberichte für Heime lesen

Sehr wichtig ist die Pflegequalität eines Heims. Darüber informieren etwa die Prüfberichte für einzelne Häuser, die die Heimaufsichten der Länder auf ihren Internetseiten veröffentlichen. Außerdem veröffentlichen Datenbanken neben Adressen und Preisen Qualitätsberichte des Medizinischen Dienstes (MD) für die Einrichtungen.
Wichtig: Besichtigen Sie die Pflegeheime, die in Frage kommen. Das geht auch unangemeldet. Vor Ort können Sie mit der Heimleitung, dem Pflegepersonal und Bewohnern sprechen. Entscheidend sind nicht nur Lage

und Ausstattung des Heims, sondern auch der Umgang des Personals mit den Bewohnern. Einen Eindruck bekommen Interessierte am besten im Gespräch. Darüber hinaus kann unsere Checkliste „Pflegeheim finden" helfen, sich ein Urteil zu bilden. Sie kann bei der Besichtigung Punkt für Punkt abgearbeitet werden (siehe Formularteil ab S. 101).

Probewohnen

Probewohnen ist möglich. Zwei Wochen lang dürfen Pflegebedürftige ausprobieren, ob sie sich im Heim wohlfühlen. In einigen Fällen lassen Pflegeeinrichtungen auch ein längeres Probewohnen zu.

Den Heimvertrag prüfen

Bewohner und Betreiber regeln ihre Rechte und Pflichten per Vertrag. Vor unzulässigen Klauseln schützt ein Gesetz.

Ist ein Umzug ins Pflegeheim nötig, müssen Pflegebedürftige und Angehörige zunächst ein passendes neues Zuhause finden. Dann schließt die zukünftige Bewohnerin oder der zukünftige Bewohner – oder eine bevollmächtigte Person – mit dem Betreiber der Einrichtung einen schriftlichen Vertrag. Er ist die rechtliche Grundlage für die Zeit in der Einrichtung. Der Heimträger überlässt den Pflegebedürftigen Wohnraum und sorgt für ihre Pflege und Betreuung. Dafür zahlen diese ein vereinbartes Heimentgelt.

Vieles, was in einem solchen Vertrag vereinbart wird, regelt das Wohn- und Betreuungsvertragsgesetz, kurz WBVG. Es enthält verbraucherfreundliche Vorschriften für alle Mietverträge, die im Zusammenhang mit Pflege- oder Betreuungsleistungen stehen. Das hat zur Folge, dass Klauseln im Vertrag, die zum Nachteil der Bewohner von den Regelungen des WBVG abweichen, unwirksam sind. Außerdem macht das Gesetz klare Vorgaben, was unbedingt im Heimvertrag stehen muss.

Schon vorab gibt es Details

Das WBVG hilft Pflegebedürftigen bereits, bevor sie einen Vertrag unterschreiben. Betreiber von Heim- und Pflegeeinrichtungen sind demnach verpflichtet, ihre Interessenten frühzeitig und verständlich über ihr Angebot zu informieren. Sie müssen klar sagen, was sie an Pflege und Betreuung zu bieten haben, und das Konzept ihrer Einrichtung erläutern.

Diese sogenannten vorvertraglichen Informationen müssen schriftlich sein und rechtzeitig vor Vertragsabschluss ausgehändigt werden. So soll sichergestellt werden, dass Interessenten genug Zeit haben, um die Informationen zu lesen, mehrere Pflegeheime zu vergleichen und sich – auch mit Dritten – zu beraten.

Die Unterlagen des Pflegeheims müssen:

➔ Angaben über Lage und Ausstattung der Einrichtung und den angebotenen Wohnraum enthalten,

- ➜ über Kosten informieren, und zwar aufgeschlüsselt nach Wohnraum, Verpflegung sowie Pflege- und Betreuungsleistungen. Außerdem müssen Investitions- und mögliche Ausbildungskosten angegeben sein,
- ➜ die Ergebnisse aus den Qualitätsprüfungen durch den Medizinischen Dienst (MD) umfassen.

An ihre vorvertraglichen Versprechen sind Betreiber auch beim Vertragsschluss gebunden. Der Vertrag muss die einzelnen Leistungen des Unternehmers enthalten und Kosten für die Bewohner aufschlüsseln. Der Anbieter muss im Vertrag ferner sagen, inwieweit er bereit oder verpflichtet ist, an Streitbeilegungsverfahren vor einer Verbraucherschlichtungsstelle teilzunehmen.

Vertrag checken lassen

Ganz wichtig: Nur wenn Anbieter im Vertrag deutlich schreiben, dass eine Regelung von den bisherigen Informationen abweicht, und dies etwa durch Fettdruck oder Unterstreichungen hervorheben, gilt sie auch. Ansonsten ist es rechtlich nicht zulässig, dass vorherige Zusagen und tatsächliche Vertragsbedingungen voneinander abweichen.

Trotz dieser gesetzlichen Sicherung sollten zukünftige Heimbewohner und Angehörige den Vertrag gründlich lesen und mit allen Vorabinformationen vergleichen. Tun Sie das in Ruhe zuhause. Ansonsten besteht die Gefahr, eine Vereinbarung zu unterschreiben, die nicht (mehr) den eigenen Vorstellungen entspricht. Sie können auch professionelle Hilfe bei der Prüfung des Heimvertrags in Anspruch nehmen, etwa bei der Bundesinteressenvertretung für alte und pflegebetroffene Menschen (siehe Kasten „Auf der sicheren Seite").

UNSER RAT

Auf der sicheren Seite

➜ **Informationen einholen.** Betreiber von Pflegeheimen müssen vor dem Vertragsabschluss über ihr Angebot informieren. Lassen Sie sich die Details schriftlich geben und vergleichen Sie die Vorinformationen mit dem Vertrag, den der Betreiber Ihnen später vorlegt.

➜ **Vertrag prüfen.** Lesen Sie alle Vertragsunterlagen vollständig und gründlich. Unterzeichnen Sie einen Heimvertrag nie ungelesen, auch nicht im Notfall. Lassen Sie sich Klauseln erklären, wenn Sie sie nicht verstehen. Lesen Sie auch die Vertragsanhänge: Sie können sich auf Leistungen beziehen, die extra kosten.

➜ **Beraten lassen.** Lassen Sie sich individuell beraten, wenn Fragen offen bleiben, zum Beispiel bei der Bundesinteressenvertretung für alte und pflegebetroffene Menschen (BIVA). Die Mitgliedschaft kostet 62 Euro im Jahr. Auf Wunsch ist für Mitglieder auch eine juristische Prüfung von Heimverträgen möglich. Sie kostet pro Vertrag 70 Euro (Details im Internet: Biva.de).

➜ **Einverständnis nötig.** Spätere Vertragsänderungen sind nur bei beiderseitigem Einverständnis möglich. Unzulässige Klauseln sind unwirksam.

➜ **Kosten prüfen.** Entgelterhöhungen müssen Ihnen schriftlich mitgeteilt werden, begründet, korrekt berechnet und angemessen sein. Wer sie nicht zahlen will, kann den Vertrag kündigen.

Preiserhöhung nicht einseitig

Neben den Bedingungen von Wohnen und Pflege sollten künftige Heimbewohner und ihre Angehörigen alle Klauseln zu Kosten gründlich prüfen. Preiserhöhungen sind nur zulässig, wenn sich Berechnungsgrundlagen ändern, der Anbieter darüber schriftlich informiert und die Notwendigkeit begründet. Ein Recht zur einseitigen Preiserhöhung steht Anbietern nicht zu.

Der Betreiber muss eine Anpassung des Vertrags anbieten für den Fall, dass Bewohner später mehr oder andere Pflege und Betreuung brauchen. Einzige Ausnahme: Die Bewohner haben sich bei Vertragsschluss schriftlich damit einverstanden erklärt, dass der Anbieter bestimmte Leistungen nicht erbringen wird. Solche Vereinbarungen können zulässig sein, zum Beispiel wenn der Betreiber eine Beatmung nicht leisten kann. Achten Sie darauf, was Sie eventuell auch für später ausschließen.

Kündigungsklauseln

Das WBVG sieht vor, dass ein Heimvertrag auf unbestimmte Zeit geschlossen wird. Eine Befristung ist nur möglich, wenn sie den Verbraucherinteressen nicht widerspricht, zum Beispiel wenn jemand vorübergehend im Heim lebt, weil das häusliche Umfeld pflegegerecht umgestaltet wird.

Unbefristete Heimverträge können Bewohner grundsätzlich bis zum dritten Werktag des laufenden Monats kündigen, der Vertrag endet dann zum Monatsende. In den ersten zwei Wochen nach Vertragsschluss können Bewohner jederzeit fristlos kündigen. Darüber hinaus können sie fristlos aus wichtigem Grund kündigen, etwa bei mangelhafter Pflege oder anderen Verfehlungen des Personals, die das Vertrauen der Pflegebedürftigen zur Einrichtung nachhaltig zerstören. Auch bei Preiserhöhungen haben sie ein Kündigungsrecht. Sterben Bewohner, endet der Vertrag sofort. Achten Sie darauf, innerhalb welcher Frist Sie dann das Zimmer räumen müssen.

Der Betreiber darf nur in Ausnahmefällen kündigen, etwa wenn er seinen Betrieb einstellt oder Heimbewohner über zwei aufeinanderfolgende Monate hinweg das Entgelt nicht vollständig zahlen und dabei durchgehend ein Betrag offen bleibt, der das pro Monat zu zahlende Entgelt übersteigt.

Versorgt im Pflegeheim

Heimbewohner werden im Idealfall rund um die Uhr betreut. Läuft etwas nicht gut, sollten sie es ansprechen.

Menschen, denen das Leben in der eigenen Wohnung zu unsicher und beschwerlich geworden ist, kann ein Umzug in ein Pflegeheim Erleichterung bringen. In einem guten Heim sind Sie von der Sorge befreit, wie sie allein zurechtkommen sollen und wer ihnen hilft. Denn medizinische Betreuung und pflegerische Versorgung sind Tag und Nacht gewährleistet. Gut ausgestattete Heime bieten dazu Kontaktmöglichkeiten und Freizeitangebote und können Menschen so aus einer vielleicht isolierten Situation heraushelfen und sie wieder aktivieren.

Auch wenn der Umzug in ein Heim oft nicht ganz freiwillig geschieht, sondern weil es zu Hause nicht mehr geht: Versuchen

Sie, das Beste daraus zu machen. Wer das Heim von vorneherein ablehnt, den Blick fest auf negative Seiten richtet, wird es schwer haben, sich dort einzugewöhnen und die Vorteile des umsorgten Lebens zu sehen.

Im Heim mitbestimmen

Oft haben Pflegebedürftige, für die ein Umzug in ein Heim unvermeidbar ist, das Gefühl, ausgeliefert und abhängig zu sein. Sie empfinden, dass sie nicht mehr selbst über ihr Leben bestimmen können, alles über sich ergehen lassen müssen, weil andere – Pflegekräfte, Ärzte, Angehörige – das so wollen. Nicht selbst bestimmen zu können, fühlt sich schrecklich an. Schnell kann für Bewohner eines Pflegeheims der Eindruck entstehen, sie seien nun völlig rechtlos.

Doch das Wohn- und Betreuungsvertragsgesetz gibt Heimbewohnern viele Mitspracherechte. Sie können sie in einem Gremium bündeln: dem Bewohnerbeirat. Er ist Interessenvertretung der Bewohner und ihr Bindeglied zur Heimleitung. Die Beiratsmitglieder werden in regelmäßigen Abständen gewählt. Neben den Bewohnern können zum Beispiel auch Angehörige oder andere Vertrauenspersonen Mitglied sein, etwa Vertreter von Seniorenorganisationen. Außerdem kann der Beirat auch Fachleute hinzuziehen, beispielsweise Rechtsanwälte.

Der Bewohnerbeirat ist bei allen Entscheidungen einzubeziehen, bei denen ein Mitwirkungsrecht besteht. Einrichtungsträger und -leitung sind dann verpflichtet, den Beirat anzuhören. Der Beirat macht zum Beispiel Verbesserungsvorschläge, was die pflegerische Versorgung, das Essen oder die Freizeitgestaltung anbelangt.

Der Beirat kann auch Veranstaltungen organisieren, an Umgestaltungen mitwirken und ist zu Änderungen der Musterverträge für Bewohner und der Entgelte anzuhören. Beschwerden und Anregungen von Bewohnern muss er anhören und mit der Heimleitung darüber verhandeln.

Das Mitwirkungsrecht des Beirats bewegt sich zwischen Informationsrecht und echter Mitbestimmung. In der Praxis hängt es auch von der Kooperationsbereitschaft der Heimleitung ab, wie viel Mitgestaltung möglich ist – und vom Engagement der Beiratsmitglieder. Finden sich in einem Heim keine Bewohner, die ein solches Amt ausüben möchten oder können, wird meist von der Heimaufsichtsbehörde ein externer Heimfürsprecher berufen. Es kann aber auch ein Ersatzgremium, zum Beispiel durch Angehörige und Betreuer, gebildet werden.

Allein unter vielen

Wer ins Heim zieht – nach oft jahrelangem Leben allein oder in der vertrauten Nähe des Partners oder der Familie –, tut sich anfangs vielleicht schwer damit, recht eng mit vielen anderen und zunächst fremden Menschen zusammenzuleben. Die Alltags- und Freizeitaktivitäten im Heim bieten zwar Gelegenheit, Kontakte zu knüpfen und mit der Zeit vielleicht sogar neue Freundschaften aufzubauen. Doch manchen ist das zunächst zu viel. Und nicht immer gelingt es so leicht, persönliche Beziehungen zu den anderen Menschen im Heim herzustellen. Auch unter vielen ist man vor Einsamkeitsgefühlen nicht unbedingt gefeit.

Besuche von Verwandten, Freunden und Bekannten bleiben besonders wichtig. Sie sind die Verbindung zum Leben außerhalb der ganz eigenen Welt des Heims und zum normalen Alltag. Gespräche mit und Zuwendung von vertrauten Menschen können nie ersetzt werden, auch nicht durch eine noch so gute professionelle Betreuung.

Engagement als Angehörige

Die Pflegeprofis im Heim übernehmen die tägliche Versorgung von Pflegebedürftigen. Das kann bei den Angehörigen, die meist vorher viel Kraft und Zeit in die reine Pflege investiert haben, neue Energie freisetzen. Zum Beispiel für Besuche und gemeinsame Ausflüge. Wer Verwandte oder Freunde hat, die in einem Pflegeheim leben, sollte deshalb möglichst häufig bei ihnen vorbeischauen, sie auch weiterhin zu sich nach Hause einladen oder mit ihnen etwas außerhalb des Heims unternehmen. Schließlich ist ein Heim nicht nach außen abgeriegelt.

Angehörige sollten zudem versuchen, ihre Besuche im Heim aktiv zu gestalten, also nicht nur passiv eine gewisse Zeit „abzusitzen". Es sei denn, Pflegebedürftige ziehen es ausdrücklich vor, in Ruhe zusammen zu sein und vielleicht einfach zu schweigen.

Zusätzlich zu Gesprächen, Spielen, gemeinsamen Spaziergängen und Besuchen im Café können Angehörige sich vielleicht auch an der Versorgung beteiligen, zum Beispiel indem sie beim Essen helfen oder gemeinsam mit der pflegebedürftigen Person Bewegungsübungen machen. Am besten führen Sie vorher ein Gespräch mit den Pflegekräften darüber, was Sie tun können, um auch sie zu entlasten.

Den richtigen Ton treffen

Das Verhältnis zwischen Angehörigen und Pflegekräften ist nicht immer spannungsfrei. Manchmal bestehen gegenseitige Missverständnisse. Die Angehörigen kennen den Arbeitsalltag im Pflegeheim nicht, die Pflegekräfte nicht die Situation der Angehörigen.

Berechtigte Kritik anzunehmen, Missverständnisse offen miteinander zu klären und dabei gegenseitiges Verständnis aufzubringen, fällt dann schwer. Im Interesse der Pflegebedürftigen ist es jedoch wichtig, dass sich beide Seiten um ein gutes Verhältnis zueinander bemühen.

Wichtig: Angehörige sollten vorschnelle Urteile vermeiden und bei Problemen sachlich und freundlich nachfragen, außerdem Ruhe bewahren und Anteilnahme gegenüber der Situation und den vielfachen Belastungen der Pflegenden zeigen. Sollte es Konflikte geben, ist es sinnvoll, sie in einem ruhigen Gespräch mit den Pflegekräften zu klären. Dritte wie die Heimleitung sollten erst einbezogen werden, wenn keine Einigung mit den Pflegekräften direkt gelingt. Spüren Angehörige, dass Pflegende ihnen mit Vorbehalten begegnen, sollten sie auch ihr eigenes Verhalten selbstkritisch prüfen.

Manche Heime tun von sich aus etwas für eine gute Zusammenarbeit und Verständigung mit Angehörigen der Heimbewohner: Sie bieten zum Beispiel regelmäßig Angehörigenabende an, an denen auch Probleme angesprochen werden können und gemeinsam nach Lösungen gesucht wird.

Bei Mängeln Heimentgelt kürzen

Bleiben Probleme oder Mängel bei der Pflege trotz Beschwerden der Heimbewohner und Gesprächen mit Personal und Heimleitung bestehen, haben Bewohner das Recht, ihre Entgelte zu mindern. Angehörige sollten sich vor einem solchen Schritt zunächst beraten lassen, etwa von der Bundesinteressenvertretung für alte und pflegebetroffene Menschen e. V. (BIVA, im Internet: Biva.de). Außerdem sollten sie sich an die Pflegeversicherung des Bewohners wenden. Damit den Mängeln auch nachgegangen wird, empfiehlt es sich, dass Angehörige den Medizinischen Dienst (MD) einschalten.

Service

Fachbegriffe erklärt

Aktivierende Pflege Dies ist eine Form ambulanter und stationärer Pflege. Pflegekräfte unterstützen die Pflegebedürftigen dabei, noch vorhandene Fähigkeiten zu nutzen und verlorene wiederzuerlangen. Dabei leiten sie sie an und motivieren sie, alltägliche Tätigkeiten so selbstständig wie möglich durchzuführen.

Behandlungspflege Kommt bei Krankheit oder nach Unfall ein Pflegedienst, beispielsweise zum Verbandswechsel oder zur Spritzengabe, zahlt dies die gesetzliche Krankenkasse, wenn dies ärztlich verordnet ist.

Betreutes Wohnen Eine Anlage für Betreutes Wohnen bietet eine barrierefreie Wohnung sowie Service- und Pflegeleistungen nach Bedarf. Sie eignet sich für Ältere, die noch weitgehend selbstständig sind, sich aber mehr Sicherheit und Hilfe als in ihrem bisherigen Zuhause wünschen.

Betreuungsverfügung Diese Verfügung tritt in Kraft, wenn man selbst nicht mehr in der Lage ist, bestimmte rechtliche Angelegenheiten zu erledigen. Sie kann Teil einer Vorsorgevollmacht sein, aber auch allein gelten. Gibt es niemanden, den man bevollmächtigen möchte, wird für das Betreuungsgericht festgehalten, aus welchem Umfeld eine künftig eventuell nötige Betreuungsperson kommen soll. Eine vom Gericht bestellte rechtliche Betreuungsperson muss Rechenschaft ablegen. Im Zentralen Vorsorgeregister der Bundesnotarkammer auf vorsorgeregister.de können Vorsorgevollmacht und Betreuungsverfügung gegen eine einmalige Gebühr registriert werden.

Entlastungsbetrag Allen Personen mit mindestens Pflegegrad 1 gewährt die Pflegeversicherung den sogenannten Entlastungsbetrag von monatlich 131 Euro. Er wird nicht ausgezahlt; die Versicherung erstattet angefallene Kosten bis zu dieser Höhe. Damit lassen sich zum Beispiel Alltagshilfen finanzieren. Der Betrag kann auch angespart und bis Juni des Folgejahres genutzt werden.

Familienpflegezeit Für die Pflege naher Angehöriger können Angestellte für bis zu 24 Monate in Teilzeit arbeiten und danach auf ihre bisherige Stundenzahl zurückkehren. Eine Mindestanzahl von 15 Wochenstunden ist Pflicht. Ein Anrecht besteht in Unternehmen mit mindestens 26 Beschäftigten, wenn ein Angehöriger mindestens Pflegegrad 1 hat. Mehr unter wege-zur-pflege.de.

Gemeinsames Entlastungsbudget Seit Juli 2025 gilt für Verhinderungs- und Kurzzeitpflege ein gemeinsames Entlastungsbudget von 3539 Euro pro Jahr, das Menschen mit mindestens Pflegegrad 2 flexibel nutzen können. Der Betrag lässt sich auf bis zu acht Wochen im Kalenderjahr verteilen.

Grundpflege Hilfe bei den Grundbedürfnissen der Pflegebedürftigen, beispielsweise bei der Körperpflege und beim Toilettengang.

Haushaltshilfe Wenn jemand vorübergehend Hilfe im Haushalt benötigt, erstattet die gesetzliche Krankenkasse Ausgaben für eine Haushaltshilfe unter bestimmten Voraussetzungen. Zwar müssen die Krankenkassen üblicherweise für Hilfe im Haushalt nur zahlen, wenn ein höchstens zwölf Jahre altes Kind zum Haushalt gehört. Doch es gibt Kassen, die die Kosten etwa nach ambulanter Operation oder bei akuter Erkrankung auch für kinderlose Haushalte übernehmen. Voraussetzung ist, dass der Bedarf ärztlich bestätigt wurde und niemand sonst diese Aufgaben im Haushalt übernehmen kann.

Hausnotruf Telefonzusatzgerät, das einen Hilferuf an eine Notrufzentrale weiterleitet. Den Großteil der Kosten trägt die Pflegekasse ab Pflegegrad 1.

Heimvertrag Der Heimvertrag regelt die rechtliche Beziehung zwischen Heimbewohnern und Heimträger. Er muss den Vorschriften des Wohn- und Betreuungsvertragsgesetzes (WBVG) genügen. Das Gesetz macht verbraucherfreundliche Vorgaben, wenn Mietverträge geschlossen werden, die im Zusammenhang mit Pflege- oder Betreuungsleistungen stehen.

Hilfe zur Pflege Sozialleistung zur Unterstützung Pflegebedürftiger, die die Kosten für den notwendigen Pflegeaufwand nicht aus eigenen Mitteln sicherstellen können.

Kurzzeitpflege Sie ermöglicht eine stationäre Versorgung, wenn die Pflege zu Hause zeitweise nicht möglich ist, etwa wenn die Wohnung erst noch pflegegerecht umgebaut werden muss oder eine Übergangszeit vor einer Reha-Maßnahme überbrückt werden muss. Kurzzeitpflege kann für bis zu acht Wochen im Jahr genutzt werden. Die Pflegeversicherung übernimmt die Pflegekosten bis zu einem Betrag von 3539 Euro. Unterkunft und Verpflegung müssen selbst bezahlt werden.

Medizinischer Dienst (MD) Speziell geschulte Fachkräfte des MD kommen zu Antragstellern nach Hause und erstellen ein Gutachten über die Pflegebedürftigkeit. Meist richtet sich die Pflegekasse nach den Empfehlungen des MD-Gutachtens und legt einen Pflegegrad fest oder lehnt den Antrag auf Pflegeleistungen ab. Bei privat

Versicherten wird das Gutachten von Fachkräften des Unternehmens Medicproof erstellt.

Patientenverfügung Die Verfügung ist für Ärztinnen und Ärzte bestimmt. Darin können Patienten ihren Willen hinsichtlich Pflege und ärztlicher Behandlung äußern. Sie legen etwa fest, unter welchen Bedingungen sie keine weiteren lebenserhaltenden Maßnahmen erhalten möchten. Die Angaben sind rechtlich bindend und müssen konkret sein.

Pflegeantrag Wer Pflegeleistungen erhalten will, muss bei seiner Pflegeversicherung, die der Krankenversicherung angeschlossen ist, einen Antrag stellen. Die Versicherung organisiert nach einem gesetzlichen Verfahren die weiteren Schritte.

Pflegedienst, ambulanter Seine Pflegekräfte leisten professionelle Hilfe und Pflege bei Pflegebedürftigen zu Hause, unterstützen beispielsweise bei der Grundpflege und hauswirtschaftlichen Versorgung. Außerdem übernehmen sie Leistungen der Behandlungspflege. Für die Bezahlung gibt es die Pflegesachleistung.

Pflegegeld Diese Leistung der Pflegeversicherung können Pflegebedürftige an Angehörige oder andere Personen auszahlen, die sie ehrenamtlich pflegen und unterstützen. Monatlich sind es derzeit bis zu 347 Euro in Pflegegrad (PG) 2, bis zu 599 Euro in PG 3, bis zu 800 Euro in PG 4 und bis zu 990 Euro in PG 5.

Pflegegrad (PG) Um finanzielle Hilfen von der Pflegeversicherung zu erhalten, muss ein Mensch offiziell als pflegebedürftig gelten. Die Einstufung in einen von fünf Pflegegraden hängt davon ab, bei welchen Tätigkeiten jemand Hilfe braucht. Je weniger selbstständig jemand ist, desto höher ist sein Pflegegrad und desto mehr Geld gibt es von der Versicherung.

Pflegeheim Einrichtung mit privaten Zimmern und Gemeinschaftsräumen, in der Menschen dauerhaft gepflegt und betreut werden. Unterkunft und Verpflegung im Pflegeheim müssen die Bewohner aus eigener Tasche bezahlen. Einen Teil der Kosten für Pflege und Betreuung trägt die Pflegeversicherung, und zwar bis zu 805 Euro in Pflegegrad (PG) 2, bis zu 1 319 Euro in PG 3, bis zu 1 855 Euro in PG 4 und bis zu 2 096 Euro in PG 5. Zusätzlich gibt es einen staatlichen Zuschuss nach Wohndauer.

Pflegehilfsmittel Das sind Geräte und Gegenstände, welche die häusliche Pflege erleichtern und ein selbstständigeres Leben ermöglichen. Für Verbrauchsartikel wie Einmalhandschuhe oder Betteinlagen erstattet die Kasse bis zu 42 Euro im Monat. Bewilligt die Pflegekasse ein technisches Pflegehilfsmittel, müssen sich Pflegebedürftige daran mit bis zu 25 Euro beteiligen.

Pflegepauschbetrag Pflegende Angehörige, die ihre Ausgaben für die Pflege in der Steuererklärung nicht einzeln nachweisen wollen, können beim Finanzamt den Pflegepauschbetrag angeben: 600 Euro bei Pflegegrad (PG) 2, 1 100 Euro bei PG 3 und 1 800 Euro bei PG 4 und 5 sowie Hilfsbedürftigkeit. Abgegolten werden damit zum Beispiel Ausgaben für Fahrten zur Wohnung der pflegebedürftigen Person, Wäsche- und Reinigungskosten sowie Telefonkosten. Bedingung ist, dass sie ihre Angehörigen persönlich und unentgeltlich pflegen.

Pflegesachleistung Pflegebedürftige können festlegen, dass die Pflegeversicherung Leistungen eines ambulanten Pflegedienstes bezahlen soll. Die Versicherung gibt für diese Pflegesachleistung mehr aus als für das Pflegegeld im jeweiligen Pflegegrad, weil Profis die Pflege leisten. Monatlich sind es bis zu 796 Euro in Pflegegrad (PG) 2, bis zu 1 497 Euro in PG 3, bis zu 1 859 Euro in PG 4 und bis zu 2 299 Euro in PG 5.

Pflegestützpunkt Diese Beratungsstelle erteilt kostenlos und neutral Auskünfte rund um die Themen Pflege sowie Hilfs- und Unterstützungsangebote. Die Adressen der Pflegestützpunkte gibt es bei der Pflegeversicherung sowie online unter bdb.zqp.de.

Pflegeunterstützungsgeld Pflegeversicherungen zahlen auf Antrag bis zu zehn Tage ein Pflegeunterstützungsgeld an Arbeitnehmer, die vorübergehend ihren Job unterbrechen, um die Pflege für nahe Angehörige in einer akuten Situation zu organisieren. Es beträgt maximal 135,63 Euro (Stand: 2026) pro Tag und deckt in der Regel einen Großteil des Lohnausfalls dieser Zeit ab.

Pflege-Wohngemeinschaft Hier leben mehrere Pflegebedürftige, die jeweils ein eigenes Zimmer haben und Gemeinschaftsräume teilen. Hilfskräfte sind rund um die Uhr da. Die pflegerischen Tätigkeiten werden von einem ambulanten Pflegedienst geleistet. Die Pflege-, Betreuungs- und hauswirtschaftlichen Leistungen können Bewohner mit Entlastungsbetrag und Pflegesachleistungen der Pflegeversicherung mitfinanzieren. Zusätzlich gibt es einen pauschalen Wohngruppenzuschlag von 224 Euro pro Monat. Häufig wohnen Menschen mit einer Demenz zusammen. Die WGs werden oft von Pflegediensten, Wohlfahrtsverbänden oder Vereinen koordiniert.

Pflegezeit Für akut auftretende Pflegesituationen können Arbeitnehmer von heute auf morgen bis zu zehn Tage der Arbeit fernbleiben. Dies nennt sich kurzzeitige Arbeitsverhinderung. In der gesetzlich festgelegten Pflegezeit dürfen Beschäftige bis zu sechs

Monate lang pausieren oder in Teilzeit arbeiten. Alle Mitarbeiter in Unternehmen mit mindestens 16 Mitarbeitern haben ein Anrecht darauf.

Seniorenresidenz Die Residenzen, auch Wohn- oder Seniorenstift genannt, sind eine luxuriöse Form des Betreuten Wohnens. Oft gehören Schwimmbad und Sauna genauso zum Standard wie Bibliothek und Konzertraum.

Tages- / Nachtpflege In Einrichtungen der Tagespflege können Menschen Kurse mitmachen, zusammen essen und sich betreuen lassen. In der Nachtpflege ist es möglich, in der Einrichtung zu übernachten und etwa Angebote wie Nachtcafés zu nutzen. Die Versicherung zahlt anfallende Pflegekosten ab Pflegegrad 2 zusätzlich zu Sachleistung und Pflegegeld, und zwar in Höhe von bis zu 721 Euro in Pflegegrad (PG) 2, bis zu 1357 Euro in PG 3, bis zu 1685 Euro in PG 4 und bis zu 2085 Euro in PG 5.

Verhinderungspflege Sie ermöglicht eine ambulante oder teilstationäre Versorgung, wenn die Pflege zu Hause zeitweise nicht möglich ist, etwa weil die Pflegeperson krank oder im Urlaub ist, aber auch, wenn sie zum Beispiel zu einem Arzttermin muss. Das ist für bis zu acht Wochen im Jahr oder auch stundenweise möglich. Im Rahmen des Entlastungsbudgets werden Pflegekosten bis zu 3539 Euro pro Jahr erstattet.

Register

Die Stiftung Warentest wurde 1964 auf Beschluss des Deutschen Bundestages gegründet, um Verbraucherinnen und Verbrauchern durch vergleichende Tests von Waren und Dienstleistungen eine unabhängige und objektive Unterstützung zu bieten. Mehr zu unserem Qualitätsanspruch und viele weitere Bücher finden Sie unter www.test.de.

Stiftung Warentest

4. Auflage
© 2026 Stiftung Warentest, Berlin
Stiftung Warentest
Lützowplatz 11–13
10785 Berlin
www.test.de
email@stiftung-warentest.de
USt-IdNr.: DE136725570
Vorständin: Julia Bönisch

Programmleitung: Niclas Dewitz
Autorin: Eugénie Zobel
Projektleitung: Alexandra Germann
Fachlektorat: Marina Engler
Korrektorat: Christoph Nettersheim
Titelentwurf: Daniela Greven
Layout: Martina Römer, Daniela Greven, Christian Königsmann
Grafik, Satz: Daniela Greven
Bildnachweis: fotolia/Africa Studio (Titel)
Produktion: Daniela Greven
Verlagsherstellung: Rita Brosius (Ltg.), Romy Alig, Susanne Beeh
Litho: tiff.any, Berlin
Druck: Westermann Druck pva, Braunschweig

ISBN: 978-3-7471-1021-8

Alle veröffentlichten Beiträge sind urheberrechtlich geschützt. Die Reproduktion – ganz oder in Teilen – bedarf ungeachtet des Mediums der vorherigen schriftlichen Zustimmung des Verlags. Alle übrigen Rechte bleiben vorbehalten. Nutzungsvorbehalt nach § 44b UrhG: Die Stiftung Warentest behält sich eine Nutzung dieses Werks für das Text- und Data-Mining nach § 44b UrhG ausdrücklich vor. Jede Nutzung nach § 44b UrhG bedarf der vorherigen ausdrücklichen Zustimmung der Stiftung Warentest. Die Rechte aus § 60d UrhG bleiben unberührt.

Bei Fragen zur Sicherheit dieses Produkts wenden Sie sich bitte an: gpsr@stiftung-warentest.de

Service
Alle Formulare können Sie auch kostenlos online ausfüllen. Sie finden sie unter
test.de/formulare-pflege

Formulare, Checklisten und Vorlagen

A Checkliste: Pflegefall – was nun?
B Ankündigung von Pflegezeit
C Ankündigung von Familienpflegezeit
D Antrag auf Leistungen der Pflegeversicherung
E Checkliste: Pflegeprotokoll
F Antrag auf Einstufung in einen höheren Pflegegrad
G Widerspruch gegen den Bescheid
H Antrag auf einen Zuschuss zur Wohnraumanpassung
I Checkliste: Pflegevertrag prüfen
J Checkliste: Pflegeheim finden
K Patientenverfügung

Checkliste: Pflegebedarf – was nun?

Gehen Sie die Checkliste Schritt für Schritt durch und streichen Sie die Punkte ab, die Sie erledigt haben. Bitte beachten Sie, dass Sie unter Umständen nicht alle Häkchen setzen müssen. Was für Sie zutrifft, hängt von Ihrer persönlichen Situation beziehungsweise den Lebensumständen der pflegebedürftigen Person ab.

Vorüberlegung: Ansprechpartner finden

Sie müssen die neuen Lebensumstände nicht allein bewältigen. Denken Sie darüber nach, die vielfältigen Hilfs- und Beratungsangebote zu nutzen, die zum Beispiel die Pflegestützpunkte bieten.

Ermitteln Sie den Pflegebedarf

Was kann Ihr/e Angehörige/r noch allein, was kann er/sie nicht mehr? Wenn Sie diese Aspekte klären, können Sie besser einschätzen, wie hoch der Pflegebedarf ist.

- [ ] Listen Sie auf, was Ihr/e Angehörige/r nicht mehr selbstständig bewerkstelligen kann.
- [ ] Sprechen Sie mit Ärztinnen und Ärzten der pflegebedürftigen Person mit deren Einverständnis. Diese wissen, welche Beschwerden vorliegen. Das hilft, den Pflegebedarf besser zu beurteilen.
- [ ] Um den Pflegebedarf noch konkreter zu ermitteln, können Sie das Pflegeprotokoll weiter hinten im Formularteil dieses Buches nutzen.

Entscheiden Sie, welche Versorgung am besten geeignet ist

Es gibt viele verschiedene Möglichkeiten, Pflege zu leisten: ambulant und stationär, mithilfe von Pflegediensten oder ausschließlich innerhalb der Familie. Welche Form geeignet ist, hängt entscheidend davon ab, wie hoch der Pflegebedarf ist und ob Angehörige in der Lage sind, die Pflegeleistungen zu erbringen. Auch emotionale Erwägungen spielen eine Rolle.

- [ ] Sprechen Sie mit der zu pflegenden Person: Was stellt sie sich für ihr Leben vor?
- [ ] Beziehen Sie Familie und Freunde ein und lassen Sie sich von Pflegefachleuten beraten.

Beantragen Sie Pflegegrad und Leistungen bei der Pflegeversicherung

Der Pflegegrad, in den Ihr/e Angehörige/r eingestuft wird, hängt vom Umfang des Pflegebedarfs ab.

- [ ] Stellen Sie mit der pflegebedürftigen Person den Antrag auf Pflegeleistungen schnellstmöglich bei deren Pflegeversicherung – schriftlich, telefonisch oder per E-Mail. Die gesetzliche Pflegekasse ist der Krankenkasse angegliedert. Ist Ihr/e Angehörige/r privat krankenversichert, müssen Sie sich an die private Pflegepflichtversicherung wenden. Sämtliche Leistungen werden erst ab dem Monat der Antragstellung gezahlt.
- [ ] Nehmen Sie den Termin für eine Pflegeberatung wahr, den die Pflegeversicherung innerhalb von 14 Tagen nach Antragstellung anbieten muss, um wichtige Fragen zu klären.
- [ ] Bereiten Sie den Begutachtungstermin vor, der die Situation vor Ort prüft, nachdem Sie den Antrag auf Leistungen der Pflegeversicherung gestellt haben.

- ☐ Nehmen Sie den Begutachtungstermin wahr. Der Termin muss innerhalb von 20 Arbeitstagen nach der Antragstellung stattfinden.
- ☐ Warten Sie den Bescheid der Pflegeversicherung ab. Sie muss spätestens nach 25 Arbeitstagen nach Eingang des Antrags eine Entscheidung treffen, in welchen Pflegegrad die betroffene Person einzustufen ist.
- ☐ Legen Sie mit der pflegebedürftigen Person gemeinsam Widerspruch ein, falls Sie mit dem Ergebnis des Bescheids nicht zufrieden sind. Dafür haben Sie bis zu einen Monat Zeit, nachdem der Bescheid zugestellt wurde.

Organisieren Sie die Pflege

Leiten Sie die Pflege in die Wege, wenn Sie sich über Bedarf und Form der Pflege im Klaren sind.

- ☐ Bei der Pflege zu Hause: Beauftragen Sie gegebenenfalls einen ambulanten Pflegedienst, einen Menübringdienst, eine Haushaltshilfe etc.
- ☐ Bei der Pflege in einer Einrichtung: Suchen Sie einen Platz in einem Pflegeheim oder einer anderen Einrichtung wie einer Pflege-WG oder einer Seniorenresidenz.
- ☐ Teilen Sie die übrigen Aufgaben wie Arztbesuche der zu pflegenden Person und Behördengänge unter Angehörigen und Freunden auf.

Regeln Sie, wer die pflegebedürftige Person gesetzlich vertreten darf

Für jeden Menschen ist es wichtig zu regeln, wer für ihn handeln darf, wenn er nicht mehr für sich selbst entscheiden kann.

- ☐ Setzen Sie mit der pflegebedürftigen Person eine Vorsorgevollmacht und/oder Betreuungsverfügung auf.
- ☐ Erstellen Sie mit ihr eine Patientenverfügung.
- ☐ Füllen Sie gemeinsam eine Bankvollmacht bei ihrer Bank aus.

Stellen Sie die Finanzierung der Pflege sicher

Welche finanziellen Hilfen es gibt, ist abhängig vom bewilligten Pflegegrad und der Art der Pflege sowie der finanziellen Situation von Pflegebedürftigen und ihrer Unterhaltspflichtigen.

- ☐ Rechnen Sie aus, wie hoch die Leistungen der Pflegeversicherungen in Ihrem Fall sind, sobald der Bescheid vorliegt, zum Beispiel Pflegegeld und Pflegesachleistungen.
- ☐ Beantragen Sie bei Bedarf Zuschüsse für barrierefreies Wohnen und für Krankenfahrten bei der Pflege- beziehungsweise Krankenversicherung.
- ☐ Beantragen Sie Hilfe zur Pflege als Teil der Sozialhilfe beim zuständigen Sozialamt, wenn die Leistungen der Pflegeversicherung und das vorhandene Vermögen der pflegebedürftigen Person und möglicher Unterhaltspflichtiger nicht reichen, um die Kosten der Pflege zu decken.

Name

Straße

PLZ, Ort

Telefon

Mobil

E-Mail

Datum, Ort

Anschrift des Arbeitgebers

Ankündigung von Pflegezeit nach dem Pflegezeitgesetz

Sehr geehrte Damen und Herren,

hiermit kündige ich Pflegezeit an. Ich übernehme die häusliche Pflege meiner/meines nahen Angehörigen

____

(Name und Vorname der/des Pflegebedürftigen, Verwandtschaftsverhältnis)

Der Nachweis über den Pflegegrad (mindestens Pflegegrad 1)

- ☐ ist beigefügt.
- ☐ liegt vor, da ich bereits eine Freistellung in Anspruch genommen habe

(Zeitraum: ____________________).

Die Pflegezeit beantrage ich

vom ____________ bis ____________

Bei Teilzeit: Für die Zeit der Freistellung beantrage ich eine Verringerung der Arbeitszeit

von bisher ________ auf ____________ Wochenstunden.

Die Verteilung der Arbeitszeit soll wie folgt aussehen:

____________ Tage / ____________ Stunden.

Mit freundlichen Grüßen

____

Unterschrift

Anschrift des Arbeitgebers

Name

Straße

PLZ, Ort

Telefon

Mobil

E-Mail

Datum, Ort

Ankündigung von Familienpflegezeit nach dem Familienpflegezeitgesetz

Sehr geehrte Damen und Herren,

hiermit kündige ich Familienpflegezeit an. Ich übernehme die häusliche Pflege meiner/meines nahen Angehörigen

____

(Name und Vorname der/des Pflegebedürftigen, Verwandtschaftsverhältnis)

Der Nachweis über den Pflegegrad (mindestens Pflegegrad 1)

- ☐ ist beigefügt.
- ☐ liegt vor, da ich bereits eine Freistellung in Anspruch genommen habe

(Zeitraum: ______________________).

Die Familienpflegezeit beantrage ich

vom ____________ bis ____________

Für die Dauer der Familienpflegezeit wünsche ich eine Verringerung der Arbeitszeit

von bisher ________ auf ____________ Wochenstunden.

Die Verteilung der Arbeitszeit soll wie folgt aussehen:

____________ Tage / ____________ Stunden.

Mit freundlichen Grüßen

____

Unterschrift

Anschrift der Pflegeversicherung

Name

Straße

PLZ, Ort

Telefon

Mobil

E-Mail

Datum, Ort

Versichertennummer: ______________________

Antrag auf Leistungen der Pflegeversicherung

Sehr geehrte Damen und Herren,

hiermit beantrage

☐ ich

☐ ich als Bevollmächtigte/r von Herrn/Frau

______________________ geboren am: __________

(Name, Vorname)

wohnhaft in ______________________

____

(Die Vollmacht liegt in Kopie bei.)

ab dem heutigen Tag Leistungen aus der Pflegeversicherung.

Bitte senden Sie mir alle erforderlichen Formulare zu. Darüber hinaus bitte ich um kurzfristige Begutachtung.

Mit freundlichen Grüßen

____

Unterschrift

Checkliste: Pflegeprotokoll

Ein Pflegeprotokoll hilft Pflegebedürftigen und Angehörigen dabei, den tatsächlichen Hilfebedarf einzuschätzen, und ist eine gute Vorbereitung auf die Begutachtung durch den Medizinischen Dienst. Das Formular folgt den Begutachtungsrichtlinien des GKV-Spitzenverbandes und des Medizinischen Dienstes Bund (MD-Bund).
Aufgeführt werden die Module 1 bis 6, die für die Einstufung in einen Pflegegrad ausschlaggebend sind. Die Module 7 und 8 sind nicht aufgeführt. Sie sollen helfen, eine bessere Versorgung sicherzustellen. Dafür haben Sie am Ende unseres Formulars Gelegenheit, weitere Anmerkungen zu machen.
Kreuzen Sie bitte bei den Fragen zu den Modulen 1 bis 6 das Zutreffende an. Trifft eine Frage nicht zu, streichen Sie sie bitte. Beispiel: Wenn Sie nicht künstlich beatmet werden, können Sie die Frage danach, ob Sie sich eine Atemmaske selbst aufsetzen können, streichen.

Datum: ____________________

Name der pflegebedürftigen Person: ____________________

Name/n des/der Pflegenden: ____________________

Modul 1: **Mobilität**	**Kann ich ohne Probleme**	**Fällt meist leicht**	**Fällt schwer**	**Kann ich gar nicht**
Können Sie verschiedene Positionen im Bett einnehmen? Können Sie sich drehen und aufrichten aus liegender Position?				
Können Sie stabil in einer Position sitzen, also sich etwa auf einem Bett, Stuhl oder Sessel aufrecht halten?				
Können Sie beispielsweise von einem Stuhl, Sessel oder einer Toilette aufstehen oder sich etwa in Ihren Rollstuhl umsetzen?				
Können Sie sich in Ihrer Wohnung sicher fortbewegen?				
Können Sie Treppen steigen?				

Modul 2: **Kognitive und kommunikative Fähigkeiten**	**Kann ich ohne Probleme**	**Fällt meist leicht**	**Fällt schwer**	**Kann ich gar nicht**
Können Sie Ihnen bekannte Personen erkennen?				
Räumliche Orientierung: Finden Sie sich in Ihrer Umgebung zurecht?				
Zeitliche Orientierung: Wissen Sie, welche Uhrzeit, Tageszeit, Jahreszeit ist?				
Können Sie sich an wichtige kurz oder auch länger zurückliegende Ereignisse erinnern?				

Modul 2: **Kognitive und kommunikative Fähigkeiten**	**Kann ich ohne Probleme**	**Fällt meist leicht**	**Fällt schwer**	**Kann ich gar nicht**
Können Sie mehrschrittige Alltagshandlungen durchführen, zum Beispiel Tischdecken?				
Fällt es Ihnen leicht, Entscheidungen zu treffen, etwa, ob Sie einen Regenschirm mitnehmen oder nicht?				
Können Sie Informationen leicht verstehen, zum Beispiel Nachrichten im Fernsehen?				
Erkennen Sie leicht Gefahren, zum Beispiel im Straßenverkehr?				
Können Sie elementare Bedürfnisse immer mitteilen, zum Beispiel dass Sie Schmerzen haben?				
Können Sie Aufforderungen verstehen, etwa zum Essen und Trinken?				
Fällt es Ihnen leicht, Gespräche zu führen, zuzuhören und mitzureden?				

Modul 3: **Verhaltensweisen und psychische Problemlagen**	**Nie oder sehr selten**	**Selten** (wöchentlich oder seltener)	**Häufig** (2 bis 3 Mal pro Woche)	**Täglich**
Bemerken Sie an sich selbst motorische Auffälligkeiten, etwa Rastlosigkeit?				
Sind Sie in der Nacht unruhig?				
Weisen Sie selbstschädigendes Verhalten auf, zum Beispiel kratzen Sie sich selbst?				
Beschädigen Sie Gegenstände?				
Werden Sie anderen gegenüber körperlich aggressiv, zum Beispiel durch Schubsen oder Schlagen?				
Werden Sie anderen gegenüber verbal aggressiv, zum Beispiel durch Beschimpfen?				
Fallen Ihnen andere verbale Auffälligkeiten an sich auf, wiederholen Sie ständig bestimmte Sätze?				
Lehnen Sie pflegerische Maßnahmen ab, zum Beispiel Hilfe bei der Körperpflege?				
Haben Sie Wahnvorstellungen?				

Modul 3: **Verhaltensweisen und psychische Problemlagen**	**Nie oder sehr selten**	**Selten** (wöchentlich oder seltener)	**Häufig** (2 bis 3 Mal pro Woche)	**Täglich**
Haben Sie Ängste?				
Sind Sie antriebslos oder sogar depressiv?				
Weisen Sie sozial unangemessenes Verhalten auf? Fällt es Ihnen zum Beispiel schwer, Distanz zu wahren?				
Weisen Sie sonstiges unangemessenes Verhalten auf, verstecken Sie etwa Dinge oder nesteln Sie an Ihrer Kleidung?				

Modul 4: **Selbstversorgung und Kontinenz**	**Kann ich ohne Probleme**	**Fällt meist leicht**	**Fällt schwer**	**Kann ich gar nicht**
Können Sie sich den Oberkörper vorne waschen und abtrocknen? (Hände, Gesicht, Achselhöhlen, Arme, Brust, Hals)				
Können Sie sich kämmen, rasieren, die Zähne putzen?				
Können Sie sich den Intimbereich waschen und abtrocknen?				
Können Sie duschen beziehungsweise baden (einschließlich Haarewaschen)?				
Können Sie Ihren Oberkörper an- und auskleiden?				
Können Sie Ihren Unterkörper an- und auskleiden?				
Können Sie Ihr Essen mundgerecht zerteilen und sich Getränke eingießen?				
Können Sie selbstständig essen (Besteck benutzen, abbeißen, kauen und schlucken)?				
Können Sie selbstständig trinken (ohne oder mit Hilfsmitteln wie Strohhalm oder Spezialtasse)?				
Können Sie die Toilette oder einen Toilettenstuhl benutzen? (Gang zur Toilette, hinsetzen und aufstehen, Intimpflege)				
Können Sie mit Harninkontinenz umgehen, zum Beispiel Urinbeutel leeren? Sind Ihnen Inkontinenzsysteme vertraut?				
Können Sie mit Stuhlinkontinenz umgehen, zum Beispiel Ihren Stomabeutel entleeren und wechseln oder Analtampons benutzen?				

Modul 4: Selbstständiger Umgang mit künstlicher Ernährung	**Nein oder Ja, aber keine Hilfe nötig**	**Täglich, zusätzlich zu oraler Nahrung, Hilfe nötig**	**Ausschließlich oder nahezu ausschließlich, Hilfe nötig**
Erfolgt Ihre Ernährung parenteral oder über Sonde? Brauchen Sie Hilfe dabei?			

Modul 4: Kontinenz	**Meist kontinent**	**Oft kontinent**	**Oft inkontinent**	**Immer inkontinent**
Sind Sie harninkontinent?				
Sind Sie stuhlinkontinent?				

Modul 5: Selbstständiger Umgang mit Krankheiten und Therapien	**Kann ich ohne Probleme**	**Monatlich Hilfe nötig (wie oft)**	**Wöchentlich Hilfe nötig (wie oft)**	**Täglich Hilfe nötig (wie oft)**
Können Sie selbstständig Medikamente einnehmen oder anwenden (zum Beispiel Tabletten, Zäpfchen, Ohren- oder Nasentropfen)?				
Können Sie sich selbst Injektionen (subcutan oder intramuskulär) setzen, zum Beispiel Insulinspritzen?				
Können Sie allein intravenöse Zugänge versorgen, zum Beispiel einen Port?				
Beatmung: Können Sie selbstständig Sekret absaugen? Können Sie sich künstlich mit Sauerstoff versorgen, etwa durch An- und Ablegen von Sauerstoffbrillen oder Atemmasken?				
Können Sie sich selbst mit ärztlich verordneten Salben, Cremes, Emulsionen einreiben beziehungsweise Kälte- oder Wärmemaßnahmen anwenden?				
Können Sie allein bestimmte Werte wie etwa Blutdruck, Puls, Blutzucker messen und deuten?				
Können Sie körpernahe Hilfsmittel selbstständig benutzen, etwa Prothesen anlegen?				
Können Sie allein Ihre Verbände wechseln, Wunden versorgen, zum Beispiel Ulcus cruris oder Dekubitus?				
Fällt Ihnen die Pflege künstlicher Körperöffnungen (Stoma) wie beispielsweise Tracheostoma, PEG, suprapubischer Blasenkatheter leicht (Reinigen, Desinfektion, gegebenenfalls Wechseln)?				

Modul 5: **Selbstständiger Umgang mit Krankheiten und Therapien**	**Kann ich ohne Probleme**	**Monatlich Hilfe nötig (wie oft)**	**Wöchentlich Hilfe nötig (wie oft)**	**Täglich Hilfe nötig (wie oft)**
Können Sie regelmäßige Einmalkatheterisierungen durchführen? Wenden Sie Abführmethoden an, beispielsweise Klistier, Einlauf und digitale Ausräumung?				
Können Sie therapeutische Maßnahmen in häuslicher Umgebung dauerhaft und regelmäßig durchführen, etwa krankengymnastische Übungen, Atemübungen oder logopädische Übungen?				
Fallen Ihnen kurze Arztbesuche leicht (weniger als drei Stunden)?				
Fallen Ihnen kurze Therapeutenbesuche leicht, zum Beispiel bei der Physiotherapie (weniger als drei Stunden)?				
Fallen Ihnen lange Besuche bei Arzt oder Therapeut leicht (ab drei Stunden)?				
Können Sie Diäten einhalten? Können Sie andere krankheits- oder therapiebedingte Verhaltensvorschriften einhalten?				

Modul 6: **Mobilität**	**Kann ich ohne Probleme**	**Fällt mir meist leicht**	**Fällt mir schwer**	**Kann ich gar nicht**
Können Sie Ihren Tagesablauf nach Ihren Gewohnheiten und Vorlieben selbst gestalten und jederzeit an äußere Veränderungen anpassen?				
Fällt es Ihnen leicht, zu üblichen Zeiten einzuschlafen beziehungsweise zur Ruhe zu kommen, etwa beim Mittagsschlaf oder am Abend?				
Können Sie sich allein beschäftigen?				
Fällt es Ihnen leicht, Pläne zu machen, also zum Beispiel einen Ausflug zu planen?				
Fällt es Ihnen leicht, mit nahestehenden Personen zu kommunizieren beziehungsweise zu interagieren?				
Fällt es Ihnen leicht, mit anderen Personen zu kommunizieren beziehungsweise zu interagieren, zum Beispiel mit Nachbarn?				

Anmerkungen

Hier können Sie weitere Angaben zu Ihrer häuslichen Situation und pflegerischen Versorgung machen. Zum Beispiel: Welche Hilfsmittel werden genutzt und welche werden nach Ihrer Auffassung noch benötigt, etwa Pflegebett, Toilettenrollstuhl, Badewannenlifter? Welche Medikamente nehmen Sie? Brauchen Sie Unterstützung bei der Haushaltsführung?

Anschrift der Pflegeversicherung

Name

Straße

PLZ, Ort

Telefon

Mobil

E-Mail

Datum, Ort

Versichertennummer: ______________________

Antrag auf Einstufung in einen höheren Pflegegrad

Sehr geehrte Damen und Herren,

hiermit beantrage

☐ ich

☐ ich als Bevollmächtigte/r von Herrn/Frau

______________________ geboren am: __________

(Name, Vorname)

wohnhaft in ______________________

____

(Die Vollmacht liegt in Kopie bei.)

zu prüfen, ob die Voraussetzungen für einen höheren Pflegegrad erfüllt sind. Ich bitte um eine kurzfristige Begutachtung.

Mit freundlichen Grüßen

____

Unterschrift

Name

Straße

PLZ, Ort

Telefon

Mobil

E-Mail

Datum, Ort

Anschrift der Pflegeversicherung

Versichertennummer: ______________________

Widerspruch gegen Ihren Bescheid vom ______________

Sehr geehrte Damen und Herren,

hiermit lege

☐ ich

☐ ich als Bevollmächtigte/r von Herrn/Frau

______________________________ geboren am: __________

(Name, Vorname)

wohnhaft in ______________________________

____

(Die Vollmacht liegt in Kopie bei.)

gegen Ihren Bescheid vom __________ Widerspruch ein.

☐ Das Gutachten des Medizinischen Dienstes liegt mir noch nicht vor. Bitte senden Sie es mir zu.

Ich werde Ihnen nach Zugang des Gutachtens unaufgefordert eine ausführliche Begründung des Widerspruchs zukommen lassen.

Mit freundlichen Grüßen

____

Unterschrift

Anschrift der Pflegeversicherung

Name

Straße

PLZ, Ort

Telefon

Mobil

E-Mail

Datum, Ort

Versichertennummer: ______________________

Antrag auf einen Zuschuss zur Wohnraumanpassung

Sehr geehrte Damen und Herren,

hiermit beantrage

☐ ich

☐ ich als Bevollmächtigte/r von Herrn/Frau

______________________ geboren am: __________

(Name, Vorname)

wohnhaft in ______________________

____

(Die Vollmacht liegt in Kopie bei.)

einen Zuschuss zur Wohnraumanpassung, um die Pflege im häuslichen Umfeld und eine eigenständige Lebensführung zu ermöglichen.

Geplant ist/sind folgende Maßnahme/n:

____

____

____

____

____

____

____

Die Maßnahme/n ist/sind erforderlich, weil:

____

____

____

____

____

____

____

Die Gesamtkosten betragen voraussichtlich: ______________ Euro

☐ Der Kostenvoranschlag liegt bereits vor.

☐ Gemäß Schätzung. Es liegt kein Kostenvoranschlag vor.

Es befinden sich mehrere Pflegebedürftige im Haushalt: ☐ ja ☐ nein

Name, Vorname	Geburtsdatum	Versicherung	Pflegegrad

☐ Es wurden bereits zu einem früheren Zeitpunkt Leistungen zur Verbesserung des Wohnumfeldes beansprucht.

Monat/Jahr: ______________

Kostenträger war:

____

☐ Es wurden bisher keine Leistungen zur Verbesserung des Wohnumfeldes beansprucht.

Mit freundlichen Grüßen

____

Unterschrift

Checkliste: Pflegevertrag prüfen

Wenn Sie einen Pflegedienst beauftragen wollen, müssen Sie einen schriftlichen Vertrag schließen. Prüfen Sie anhand der Checkliste, ob alles Wesentliche in Ihrem Sinne geregelt ist.

Vertragspartner sollte die pflegebedürftige Person selbst sein.

- [ ] Achten Sie darauf, dass im Pflegevertrag die pflegebedürftige Person selbst als Vertragspartner genannt wird und nicht etwa eine Betreuungsperson oder Angehörige, die die Pflege organisiert.
- [ ] Wenn Sie für die pflegebedürftige Person unterschreiben, tun Sie das mit „in Vertretung".

Der Vertrag muss alle Pflegeleistungen genau aufführen.

- [ ] Prüfen Sie, ob sämtliche Pflegeleistungen ausführlich und umfassend beschrieben sind, der Vertrag sämtliche Tätigkeiten des Pflegedienstes konkretisiert und keine Oberbegriffe wie „Grundpflege" oder „Pflege gemäß Pflegegrad 2" verwendet. Letztere sind ungenau und lassen die geschuldeten Pflegeleistungen nicht erkennen.
- [ ] Legen Sie fest, wie häufig, gegebenenfalls an welchen Tagen und zu welcher Uhrzeit, bestimmte Pflegeleistungen erbracht werden sollen.

Der Vertrag muss die Kosten für die Pflegeleistungen nennen.

- [ ] Achten Sie darauf, dass die Kosten für die Pflegeleistungen genannt sind und der Vertrag ausweist, an welchen Kosten sich Pflege- und Krankenversicherung beteiligen.
- [ ] Prüfen Sie, ob auch die Gesamtkosten genannt und gegebenenfalls Investitionskosten ausgewiesen sind.
- [ ] Achten Sie darauf, dass Sonn- und Feiertagszuschläge separat aufgeführt werden.

Alle Pflegeleistungen müssen dokumentiert werden.

- [ ] Prüfen Sie, ob der Vertrag festlegt, dass der Pflegedienst eine Pflegedokumentation erstellen und täglich festhalten muss, welche Aufgaben er bei der pflegebedürftigen Person ausgeführt hat.

Der Vertrag soll Art und Weise der Bezahlung festlegen

- [ ] Wählen Sie als Art der Bezahlung am besten die Überweisung. Dann können Sie die Rechnung erst prüfen, bevor Sie bezahlen, und den Rechnungsbetrag gegebenenfalls kürzen, wenn Sie mit einer Leistung nicht zufrieden sind.
- [ ] Achten Sie darauf, dass der Pflegedienst keine Voraus- und Abschlagszahlungen verlangen kann.

Der Pflegedienst sollte für Schäden haften.

- ☐ Stellen Sie sicher, dass sich der Pflegedienst vertraglich verpflichtet, für Schäden einzustehen, die seine Mitarbeiterinnen und Mitarbeiter verursachen.
- ☐ Achten Sie darauf, dass die Haftung nicht auf Vorsatz und grobe Fahrlässigkeit beschränkt ist.

Der Pflegedienst sollte keine allzu kurze Kündigungsfrist haben.

- ☐ Achten Sie darauf, dass der Pflegedienst eine Kündigungsfrist hat, die Ihnen ausreichend Zeit lässt, einen neuen Dienstleister zu finden, zum Beispiel sechs Wochen zum Quartalsende.
- ☐ Stellen Sie sicher, dass der Pflegevertrag ruht, wenn die zu pflegende Person in ein Krankenhaus eingeliefert wird oder zeitweise in einer Pflegeeinrichtung betreut wird, und dass der Vertrag mit dem Tod der pflegebedürftigen Person endet.

Der Vertrag sollte regeln, bis wann Termine abzusagen sind.

- ☐ Prüfen Sie, ob der Vertrag regelt, bis wann der Besuch des Pflegedienstes abgesagt werden darf, ohne dass Kosten entstehen. Achten Sie darauf, dass es hierzu konkrete Angaben gibt und keine Begriffe wie „rechtzeitig“ verwendet werden.

Der Vertrag sollte Regelungen zur Schlüsselübergabe treffen.

- ☐ Achten Sie darauf, dass der Vertrag vorsieht, dass eine Schlüsselübergabe schriftlich dokumentiert wird und der Schlüssel nicht in die Hände weiterer Personen gelangen darf.

Der Vertrag sollte Beschwerdemöglichkeiten nennen.

- ☐ Stellen Sie sicher, dass sich der Vertrag dazu äußert, wer Ihr Ansprechpartner bei Unzufriedenheit oder Beschwerden ist, und ob es jemanden gibt, der bei einem Streit vermittelt.

Der Vertrag sollte Kooperationspartner ausweisen.

- ☐ Achten Sie darauf, dass der Pflegedienst seine Kooperationspartner nennt, falls er nicht alle Leistungen selbst erbringen kann.

Checkliste: Pflegeheim finden

Stehen ein oder mehrere Pflegeheime zur Auswahl, sollten Sie Besichtigungstermine mit der jeweiligen Heimleitung vereinbaren. Nur vor Ort können Sie feststellen, ob die Einrichtung zu Ihnen/Ihrem pflegebedürftigen Angehörigen passt. Nehmen Sie sich Zeit und stellen Sie viele Fragen an Personal, Bewohner und Leitung. Unsere Checkliste hilft Ihnen dabei. Je mehr Fragen Pflegebedürftige für sich mit "Ja" beantworten können, desto eher kommt die Einrichtung infrage.

Lage

- ☐ Ja ☐ Nein Liegt das Heim in einer Gegend, die Sie mögen? Gefällt Ihnen die unmittelbare Umgebung der Einrichtung?
- ☐ Ja ☐ Nein Gibt es eine gute Verkehrsanbindung? Ist die Einrichtung auch für Ihre Angehörigen, Freunde und Bekannten gut erreichbar?
- ☐ Ja ☐ Nein Sind Ärztinnen und Ärzte, Friseur, Geschäfte, Restaurants und andere für Sie wichtige Einrichtungen fußläufig erreichbar?

Ambiente und Wohnen

- ☐ Ja ☐ Nein Fühlen Sie sich im Heim willkommen? Hat es eine freundliche und offene Atmosphäre?
- ☐ Ja ☐ Nein Finden Sie sich in der Einrichtung zurecht? Gibt es Orientierungshilfen?
- ☐ Ja ☐ Nein Machen die Bewohner/innen einen zufriedenen und gepflegten Eindruck; sind sie passend gekleidet?
- ☐ Ja ☐ Nein Geht das Pflegepersonal respektvoll mit den Bewohner/innen um?
- ☐ Ja ☐ Nein Wirkt die Einrichtung insgesamt hell, sauber und wohnlich? Riecht es frisch und reinlich?
- ☐ Ja ☐ Nein Gibt es einen Garten, einen Park oder eine Terrasse?
- ☐ Ja ☐ Nein Gibt es Gemeinschaftsräume?
- ☐ Ja ☐ Nein Sind alle Räume und Zugänge zu Haus, Garten und Außenanlagen barrierefrei?
- ☐ Ja ☐ Nein Gibt es überwiegend Einzelzimmer? Bekommen Sie eins, wenn Sie das wollen?
- ☐ Ja ☐ Nein Sind die Zimmer geräumig? Ist Platz für eigene Möbel oder persönliche Gegenstände? Gefallen Ihnen die Zimmer?
- ☐ Ja ☐ Nein Können Haustiere mitgebracht werden und finden Sie das gut?
- ☐ Ja ☐ Nein Haben die Zimmer eigene Duschbäder und Toiletten?
- ☐ Ja ☐ Nein Können Sie Wertsachen sicher aufbewahren?

Verpflegung

- ☐ Ja ☐ Nein Ist der Speisesaal gemütlich und einladend?
- ☐ Ja ☐ Nein Gibt es eine Cafeteria und/oder einen Kiosk?
- ☐ Ja ☐ Nein Können Sie aus verschiedenen Speisen wählen? Werden Sonderwünsche berücksichtigt?
- ☐ Ja ☐ Nein Wird bei Bedarf Schon- oder Diätkost angeboten?

- [ ] Ja [ ] Nein Können Sie jederzeit Speisen oder Getränke erhalten, auch außerhalb der üblichen Essenszeiten?

Pflege und medizinische Versorgung

- [ ] Ja [ ] Nein Gibt es einen festen Ansprechpartner für Sie und Ihre Angehörigen?
- [ ] Ja [ ] Nein Kommen regelmäßig Fach- und Hausärzte ins Haus?
- [ ] Ja [ ] Nein Können Sie bei Bedarf Ihre Ärztinnen und Ärzte behalten?
- [ ] Ja [ ] Nein Ist das Pflegepersonal qualifiziert? Können die Qualifikationen auf Wunsch eingesehen werden?
- [ ] Ja [ ] Nein Werden Ihre individuellen Anforderungen an medizinische Angebote und Therapien mit Ihnen besprochen?
- [ ] Ja [ ] Nein Wird die Pflege auf Ihre individuelle Situation abgestimmt?
- [ ] Ja [ ] Nein Ist ein Pflegeleitbild vorhanden?
- [ ] Ja [ ] Nein Wird aktivierend gepflegt?
- [ ] Ja [ ] Nein Sofern für Sie wichtig: Hat das Personal eine Zusatzausbildung für die Versorgung von Menschen mit einer Demenz-Erkrankung? Ist das Heim auf deren Bedürfnisse ausgerichtet?

Freizeit und Veranstaltungen

- [ ] Ja [ ] Nein Gibt es kulturelle Veranstaltungen?
- [ ] Ja [ ] Nein Entspricht das Programm Ihren Interessen?
- [ ] Ja [ ] Nein Gibt es Angebote für Seniorensport?
- [ ] Ja [ ] Nein Gibt es Beschäftigungstherapie?
- [ ] Ja [ ] Nein Gibt es spezielle Angebote für Bewohnerinnen und Bewohner mit Demenz?
- [ ] Ja [ ] Nein Gibt es Gruppenaktivitäten?
- [ ] Ja [ ] Nein Werden auch Veranstaltungen außer Haus angeboten?

Ihr Gesamteindruck

____

____

____

Anmerkungen und Notizen:

____

____

Patientenverfügung

Wenn ich,

____

(gegebenenfalls Titel) Vorname Name

____

Geburtsdatum Geburtsort

____

Straße Hausnummer, Postleitzahl Ort

zur Willensbildung oder verständlichen Äußerung meines Willens nicht mehr in der Lage bin, sollen Ärzte und Pflegekräfte mich entsprechend der nachfolgenden Verfügung behandeln und pflegen.

1. In Todesnähe

Zutreffendes habe ich angekreuzt, nicht zutreffende Zeile(n) durchgestrichen

Wenn ich mich aller Wahrscheinlichkeit nach in einem nicht mehr abwendbaren Sterbeprozess befinde, verlange ich,

☐ **1.1** auf Maßnahmen zu verzichten, die bloß den Eintritt des Todes verzögern,

☐ **1.2** bei einem Herz-Kreislauf-Stillstand keine Wiederbelebungsmaßnahmen zu ergreifen,

☐ **1.3** mich nicht künstlich zu ernähren,

☐ **1.4** mich nicht künstlich zu beatmen,

☐ **1.5** die künstliche Zufuhr von Flüssigkeit nach dem Ermessen der Ärzte zu verringern,

☐ **1.6** durch Mundpflege, Erhöhung der Luftfeuchtigkeit und ähnliche Maßnahmen das Durstgefühl zu stillen,

☐ **1.7** Luftnot, Schmerzen, Angst, Unruhe, Erbrechen und anderen Krankheitserscheinungen entgegenzuwirken und mir dazu geeignete Medikamente zu geben, auch wenn dies die Lebenszeit unter Umständen verkürzt.

____

Datum, Unterschrift Verfügende/r für Blatt 1 von 6

2. Bei unheilbarer Krankheit im Endstadium

Zutreffendes habe ich angekreuzt, nicht zutreffende Zeile(n) durchgestrichen

Wenn ich mich aller Wahrscheinlichkeit nach im Endstadium einer tödlich verlaufenden Krankheit befinde, verlange ich, auch wenn der Todeszeitpunkt noch nicht absehbar ist,

☐ **2.1** auf Maßnahmen zu verzichten, die bloß den tödlichen Verlauf meiner Erkrankung verzögern,

☐ **2.2** bei einem Herz-Kreislauf-Stillstand keine Wiederbelebungsmaßnahmen zu ergreifen,

☐ **2.3** mich nicht künstlich zu ernähren,

☐ **2.4** mich nicht künstlich zu beatmen,

☐ **2.5** die künstliche Zufuhr von Flüssigkeit nach dem Ermessen der Ärzte zu verringern,

☐ **2.6** durch Mundpflege, Erhöhung der Luftfeuchtigkeit und ähnliche Maßnahmen das Durstgefühl zu stillen,

☐ **2.7** Luftnot, Schmerzen, Angst, Unruhe, Erbrechen und anderen Krankheitserscheinungen entgegenzuwirken und mir dazu geeignete Medikamente zu geben, auch wenn dies die Lebenszeit unter Umständen verkürzt.

3. Bei Hirnschädigung

Wenn zwei in der Behandlung derartiger Fälle erfahrene Ärzte unabhängig voneinander zu dem Ergebnis kommen, dass ich wegen einer Gehirnschädigung etwa durch Unfall, Schlaganfall oder Entzündung oder infolge eines Herz-Kreislauf-Stillstands die Fähigkeit, bewusste Entscheidungen zu treffen und mit anderen Menschen in Kontakt zu treten, aller Wahrscheinlichkeit nach unwiederbringlich verloren habe, verlange ich die unten angekreuzten Maßnahmen, auch wenn nicht absehbar ist, wann ich sterben werde. Dies gilt auch, wenn nicht völlig auszuschließen ist, dass ich das Bewusstsein noch einmal wiedererlangen würde.

Zutreffendes habe ich angekreuzt, nicht zutreffende Zeile(n) durchgestrichen

☐ **3.1** auf Maßnahmen zu verzichten, die bloß den Eintritt des Todes verzögern,

☐ **3.2** bei einem Herz-Kreislauf-Stillstand keine Wiederbelebungsmaßnahmen zu ergreifen,

☐ **3.3** mich nicht künstlich zu ernähren,

☐ **3.4** mich nicht künstlich zu beatmen,

☐ **3.5** die künstliche Zufuhr von Flüssigkeit nach dem Ermessen der Ärzte zu verringern,

☐ **3.6** durch Mundpflege, Erhöhung der Luftfeuchtigkeit und ähnliche Maßnahmen das Durstgefühl zu stillen,

☐ **3.7** Luftnot, Schmerzen, Angst, Unruhe, Erbrechen und anderen Krankheitserscheinungen entgegenzuwirken und mir dazu geeignete Medikamente zu geben, auch wenn dies die Lebenszeit unter Umständen verkürzt.

Datum, Unterschrift Verfügende/r für Blatt 2 von 6

4. Bei Hirnabbau

Zutreffendes habe ich angekreuzt, nicht zutreffende Zeile(n) durchgestrichen

Wenn mein Gehirn durch Abbauprozesse wie etwa Demenz so weit beeinträchtigt ist, dass ich nicht mehr in der Lage bin, Nahrung und/oder Flüssigkeit auf natürlichem Weg zu mir zu nehmen, selbst mithilfe Dritter, verlange ich,

☐ **4.1** auf Maßnahmen zu verzichten, die bloß den Eintritt des Todes verzögern,

☐ **4.2** bei einem Herz-Kreislauf-Stillstand keine Wiederbelebungsmaßnahmen zu ergreifen,

☐ **4.3** mich nicht künstlich zu ernähren,

☐ **4.4** mich nicht künstlich zu beatmen,

☐ **4.5** die künstliche Zufuhr von Flüssigkeit nach dem Ermessen der Ärzte zu verringern,

☐ **4.6** durch Mundpflege, Erhöhung der Luftfeuchtigkeit und ähnliche Maßnahmen das Durstgefühl zu stillen,

☐ **4.7** Luftnot, Schmerzen, Angst, Unruhe, Erbrechen und anderen Krankheitserscheinungen entgegenzuwirken und mir dazu geeignete Medikamente zu geben, auch wenn dies die Lebenszeit unter Umständen verkürzt.

5. Organspende

Ja ☐ Nein ☐

Ich bin bereit zu Organspenden und habe einen Organspendeausweis. Es ist mir bewusst, dass Organe nur nach Feststellung des Hirntods entnommen werden können, wobei bis dahin der Kreislauf künstlich aufrechterhalten bleiben muss. Deshalb gestatte ich ausnahmsweise für den Fall, dass bei mir eine Organspende medizinisch infrage kommt, die kurzfristige (Stunden bis höchstens wenige Tage umfassende) Durchführung intensivmedizinischer Maßnahmen zur Bestimmung des Hirntods bis zur anschließenden Organentnahme.

Datum, Unterschrift Verfügende/r für Blatt 3 von 6

6. Vorsorgevollmacht / Betreuung

Ja ☐ Nein ☐

6.1 Ich habe neben dieser Patientenverfügung eine Vorsorgevollmacht erteilt und den Inhalt meiner Patientenverfügung mit meinem / meiner Bevollmächtigten besprochen und ihm / ihr eine Kopie ausgehändigt:

(ggf. Titel) Vorname Name

Geburtsdatum Geburtsort

Straße Hausnummer, Postleitzahl Ort

Telefon Fax E-Mail-Adresse

und

(ggf. Titel) Vorname Name

Geburtsdatum Geburtsort

Straße Hausnummer, Postleitzahl Ort

Telefon Fax E-Mail-Adresse

Der / Die Bevollmächtigte ist verpflichtet, diese Patientenverfügung umzusetzen. Ich entbinde Ärzte, Krankenhäuser und Pflegeeinrichtungen den Bevollmächtigten gegenüber von ihrer Schweigepflicht.

Ja ☐ Nein ☐

6.2 Sofern das Betreuungsgericht eine Betreuungsperson eingesetzt hat, ist diese verpflichtet, die Verfügung umzusetzen.

7. Widerruf und Änderung

Diese Patientenverfügung gilt, bis ich sie widerrufe oder eine andere Patientenverfügung aufsetze.

Datum, Unterschrift Verfügende / r für Blatt 4 von 6

8. Seelsorge und Beistand

Ja ☐ Nein ☐ Ich bin Mitglied der evangelischen Kirche und bitte um geistlichen Beistand.

Ja ☐ Nein ☐ Ich bin Mitglied der römisch-katholischen Kirche und bitte um geistlichen Beistand.

Ja ☐ Nein ☐ Ich bin Mitglied der folgenden Glaubensgemeinschaft und bitte um deren geistlichen Beistand:

____

Ja ☐ Nein ☐ Ich bitte darum, bei einem Hospizverein um Beistand für mich nachzusuchen.

Ja ☐ Nein ☐ Ich wünsche eine Begleitung durch:

____

9. Bei dieser Patientenverfügung wurde ich beraten von:

____

(ggf. Titel) Vorname Name

____

Geburtsdatum Geburtsort

____

Straße Hausnummer, Postleitzahl Ort

____

Telefon Fax E-Mail-Adresse

Ich habe mit dem/der Verfügenden über seine/ihre Anweisungen für den Fall der oben in Punkt 1–4 genannten Erkrankungen gesprochen. Er/Sie war bei der Entscheidung über die Patientenverfügung bei klarem Bewusstsein und hat seinen/ihren Willen hier durchdacht und in Kenntnis der Konsequenzen geäußert.

____

Ort, Datum, Unterschrift

____

Datum, Unterschrift Verfügende/r für Blatt 5 von 6

10. Arzt/Ärztin meines Vertrauens ist:

(ggf. Titel) Vorname Name

Straße Hausnummer, Postleitzahl Ort

Telefon | Fax | E-Mail-Adresse

11. Abschlusserklärung und Unterschrift

Ich habe diese Patientenverfügung nach reiflicher Überlegung und als Ausdruck meines Selbstbestimmungsrechts ausgefüllt.

Ort, Datum, Unterschrift Verfasser/in der Patientenverfügung

Ich habe meine Patientenverfügung überprüft und bestätige ihre Gültigkeit:

Ort, Datum | Unterschrift Verfasser/in der Patientenverfügung

Ort, Datum | Unterschrift Verfasser/in der Patientenverfügung

Ort, Datum | Unterschrift Verfasser/in der Patientenverfügung

Ort, Datum | Unterschrift Verfasser/in der Patientenverfügung